foodfrance

TECTUM
PUBLISHERS

"Books may well be
the only true magic."

Alice Hoffmann

© 2011   Tectum Publishers
          Godefriduskaai 22
          2000 Antwerp, Belgium
          info@tectum.be
          + 32 3 226 66 73
          www.tectum.be

ISBN: 978-90-79761-76-0
WD: 2011/9021/13
(137)

Idea and realization/*Idee en realisatie*: LiberLab, Italy (www.liberlab.it)
Text/*Tekst*: Marianna Mordenti
Graphic project/*Grafische vormgeving*: Maya Kulta
Layout/*Idee*: Liberlab, Italy
Translations/*Vertaling*: Anna Carruthers (English), Roel Daamen (Dutch)
Printed in China/*Gedrukt in China*

foodfrance

TECTUM
PUBLISHERS

content

foodfrance

It is no coincidence that François Rabelais was born in France, as if to personify the hedonistic, indulgent approach to food in a country that has always been considered the heartland of culinary arts and gastronomy. Yet it would be amiss to reduce French food to Rabelais' nonetheless great poem: over the centuries France has brought us a host of illustrious figures who have succeeded in codifying French cuisine and making it international. Figures of the calibre of Varenne, Auguste Escoffier, Fernand Point and Paul Bocuse have accompanied French food from the Renaissance to the 20th century, inventing the basics and the sauces, then *cuisine* and lastly *nouvelle cuisine*. Not that there is any shortage of good raw material, because France boasts a full range of outstanding food products, from fruit and vegetables to cheese and meat, herbs and wine. There is also a profusion of French gastronomic terminology in common use outside the country: take the wine term *terroir*, for example, an untranslatable concept that does not just mean an area of land, but the key combination of climate, terrain, vine and the work of man. This large-format book, packed with colour illustrations, presents the best of French food, with facts on the most typical French products and information on the landscape and terrain, from Normandy to Corsica, where these exceptional products come to life. Each chapter of the book focuses on one of France's 22 regions, offering typical products, classic recipes and a brief photographic reportage on the landscape, along with notes on history, art and traditions. It is an indispensable tool for getting to know France's gastronomic excellences and savour all of its signature specialities, from Marseilles bouillabaisse to Breton crêpes, from Camembert to Cognac, to name but a few of its cornucopia of products.

WHY EAT FRENCH PRODUCTS?
France is ahead of many countries when it comes to defending and safeguarding food products: thanks to the INAO (*Institut

foodfrance

Het is vast geen toeval dat François Rabelais in Frankrijk werd geboren: dit land van levensgenieters en smulpapen wordt per slot van rekening sinds jaar en dag beschouwd als het gastronomische middelpunt van de wereld. De vergelijking met de poëzie van Rabelais, hoe mooi die ook is, zou de Franse keuken echter te kort doen: in de loop der tijd is Frankrijk de geboorteplaats geweest van velen die erin zijn geslaagd de keuken van dit land internationale allure te geven. Denk enkel aan Varenne, Auguste Escoffier, Fernand Point en Paul Bocuse, beroemde namen die de grondbeginselen van de Franse keuken uitvonden en de basis legden voor de haute cuisine en de nouvelle cuisine. Daartoe beschikt Frankrijk gelukkig over een overvloed aan voortreffelijke producten, van fruit tot groenten, van kaas tot vlees, kruiden tot wijnen. Ook zijn er termen uit Frankrijk afkomstig die tot ver buiten de landsgrenzen gemeengoed zijn geworden: denk maar aan een woord als terroir, een onvertaalbare term die niet terrein of gebied betekent, maar een geheel van klimaat, terrein, cépage en menselijke arbeid. Dit boek in groot formaat met veel illustraties in kleur presenteert food made in France met pagina's over de meest kenmerkende Franse producten, vergezeld door stukjes over het Franse landschap. Elk hoofdstuk bespreekt één van de 22 Franse regio's. Aan bod komen karakteristieke producten, traditionele recepten, een korte fotoreportage over de streek en wetenswaardigheden over geschiedenis, kunst en traditie.

WAAROM FRANSE PRODUCTEN?

Frankrijk loopt voor op vele andere landen wat de bescherming en waarborging van landbouw- en streekproducten betreft; het was het eerste land, dankzij het INAO (Institut National des Appellations d'Origine), met een streng classificatiesysteem voor de wijnsector (de AOC: Appellation d'Origine Contrôlée). De wetsbepaling van 30 juli 1935 werd vervolgens in 1990 uitgebreid naar alle andere voedselsectoren en momenteel telt Frankrijk 3015 AOC-producten. Op Europees niveau deelt Frankrijk het systeem voor productclassificatie (met uitzondering van wijnen) op basis van de drie keurmerken: AOP (Appellation d'Origine Protégée), IGP (Indication Géographique Protégée) en STG (Spécialité Traditionnelle Garantie). De bedoeling van deze keurmerken is niet alleen de identificatie

National des Appellations d'Origine) it was the first country to introduce a rigid gastronomic classification system. The AOC standard (*Appellation d'Origine Contrôlée*) was established by decree on 30 July 1935 for the wine industry, and then extended in 1990 to the rest of the agri-food sector: currently France has 3,015 AOC products. On the European Union level, like other member countries France also classifies products (excluding wines) according to three standards: AOP (*Appellation d'Origine Protégée*), IGP (*Indication Géographique Protégée*) and STG (*Spécialité Traditionnelle Garantie*). These have the specific aim of identifying and safeguarding products, in terms of production, designation and provenance. The French system also uses other standards, such as *Agriculture Biologique* and *Label Rouge*.

Appellation d'Origine Protégée/AOP
The AOP standard is the European equivalent of the AOC label (excluding wines). AOP products are produced and processed in a certain geographical area with unique environmental and human characteristics, meaning that they are impossible to produce elsewhere. A good

en bescherming van producten, zowel in termen van benaming en kenmerkendheid, maar ook de waarborging van het productieproces. In aanvulling op de AOC-regeling gebruikt het Franse systeem ook nog andere kwaliteitsaanduidingen, namelijk voor de biologische landbouw (*Agriculture Biologique*) en het Label Rouge.

AOP-producten
Het AOP-keurmerk is de Europese variant van het AOC-keurmerk (met uitzondering van wijn). Het duidt producten aan die worden geproduceerd en verwerkt in één enkele geografische locatie, met unieke karaktereigenschappen en menselijke inbreng. Een goed voorbeeld van een AOP-product is bijvoorbeeld kaas. Op dit moment zijn er 379 Franse AOP-producten.

IGP-producten
Het IGP-keurmerk duidt producten aan waarvan niet alle productiestappen noodzakelijkerwijs in één enkel geografisch gebied moeten plaatsvinden. Vanaf 1 augustus 2009 geldt het IGP-keurmerk ook voor wijnen en vervangt het de oude aanduiding Vin de Pays. On-

example of the AOP product standard is a cheese like Roquefort AOP or Cantal AOP: both products are unique and inimitable because the milk comes from set areas of pastureland and both the cheese-making process and ageing take place in the same set areas. These are set out in the production regulations, which also govern all stages of production, ageing times, etc. Outside of the set area the product cannot bear that designation. France currently has 379 AOP products.

IGP products
The IGP standard applies to products for which not all stages of production take place in the area in question. As of 1 August 2009, the IGP standard can also be used for wines, in place of the old Vin de Pays designation. French IGP products include Bergamote de Nancy IGP, Agneau du Poitou-Charentes IGP and Fraise du Périgord IGP. France currently has 560 IGP products.

STG products
This standard is used for products that are not connected to a specific area but involve traditional produc-

der de Franse IGP-producten kunnen we de Bergamote de Nancy IGP, Agneau du Poitou-Charentes IGP en Fraise du Périgord IGP rekenen. Momenteel zijn er 560 Franse IGP-producten.

STG-producten
Deze producten zijn niet verbonden aan een specifieke streek van origine, maar wel aan traditionele productiemethoden die verspreid zijn over verschillende regio's. Momenteel kent Frankrijk geen STG-producten.

Agriculture Biologique
Met de term biologische landbouw wordt een combinatie van praktijken en methoden aangeduid die erop gericht zijn de verscheidene ecologische evenwichten te bewaren. De biologische landbouw is officieel erkend sinds 1980. Het keurmerk AB wordt afgegeven door het Franse ministerie van landbouw.

Label Rouge producten
Sinds 1960 garandeert het Label Rouge dat bepaalde producten bijzondere eigenschappen hebben die het

tion methods that are employed in various regions. France does not currently have any STG products.

Agriculture Biologique
Organic agriculture is a method based on a set of practices designed to respect ecology. It was officially recognised in 1980. The AB standard is issued by the French Ministry of Agriculture.

Label Rouge
Established in 1960, the Label Rouge standard guarantees that a given product presents a series of characteristics that ensure it is of a higher quality than similar products. One example of Label Rouge is Provence Lavender Honey, or Lautrec Pink Garlic (one of the very first products to boast this label), which was subsequently also awarded IGP status, just like Emmental Grand Cru. France currently has 522 products bearing the Label Rouge standard.

FROM PRODUCER TO CONSUMER
In recent years the French food industry has been devoting careful attention to what is commonly known as the production chain; basically, the product's path from the farm to the table. One of the most important production chains is undoubtedly that of meat, also because France has the most significant livestock heritage in Europe, boasting many prize breeds (from Charolaise to Limousine, Blonde d'Aquitaine and Salers, to name but a few). This heritage naturally calls for a strictly regulated production chain, where the individual operators work towards the common objective of safeguarding the quality and distinguishing characteristics of the products. The animals are identified in the farm and given regular health checks, and their diet is also carefully controlled. At the abattoir the focus is on the cold chain, to ensure that the meat that reaches the consumer is of the highest quality. Another sector that occupies pride of place in French gastronomy is that of dairy products. The heartland of cheese, France produces around a thousand types, all different, with points of incomparable excellence that are an expression of the different production *terroirs*. There are 46 AOC cheeses in all. This record is the result of a quality and safety chain that starts in the farms, where the milk is produced, and continues in the dairies and factories.

WINE
An entire book this size would not be big enough to do justice to French wine! From Burgundy to Bordeaux, Champagne to the Loire Valley, Alsace to the Rhone Valley, France is without a doubt home to outstanding wines that are known and drunk all round the world. But how are they classified? The INAO classifies French wines in a pyramid, moving up from Vin de Table to Vin de Pays, then *Vin Délimité de Qualité Supérieure* (VDQS), with AOC – Appellation d'Origine Controlée – at the top. The latter is the most prestigious and most selective category, determining the geographical area, yield per

boven soortgelijke producten uittillen, bijvoorbeeld lavendelhoning uit de Provence of roze knoflook uit Lautrec, een van de eerste producten met een Label Rouge dat vervolgens, net als Emmental Grand Cru, ook het IGP-keurmerk verkreeg. Momenteel worden er 522 producten aangeduid met het Label Rouge.

VAN PRODUCENT TOT CONSUMENT

In de afgelopen jaren kent de Franse voedingsindustrie een strenge controle van de productieketen, oftewel de weg die een product aflegt van akker of weide tot op de tafel van de consument. Een van de belangrijkste productieketens is ongetwijfeld die van het vlees, aangezien Frankrijk het belangrijkste vleesproductiecentrum van Europa is, met vele beroemde rassen. Het spreekt voor zich dat het bij een dergelijk belangrijk patrimonium noodzakelijk is dat alle afzonderlijke schakels van de productieketen onderling samenwerken om zo het gemeenschappelijke doel van waarborging van de kwaliteit en kenmerkendheid van de producten te bereiken. De dieren worden tijdens het fokken geïdentificeerd en continu onderworpen aan strikte controles, evenals hun voeding. Na het slachten wordt er veel aandacht besteed aan de waarborging van de koelketen, zodat het product dat op tafel verschijnt van de allerhoogste kwaliteit is. Een andere sector die het summum is van de Franse gastronomie, is de zuivelsector. Frankrijk, het vaderland van de kaas, produceert ongeveer een duizendtal types kazen die onderling zeer uiteenlopend zijn maar die allemaal een ongeëvenaard niveau hebben. Ze zijn de uitdrukking van unieke terroirs waar samen wel 46 Franse kazen met het AOC-keurmerk worden geproduceerd. Dit record is ook te danken aan de keten van kwaliteit en veiligheid die loopt van de melkproducent via de zuivelverwerker naar de kaasmaker.

WIJN

Er zou een tweede boek als dit nodig zijn om alle Franse wijnen te bespreken! Van Bourgogne tot Bordeaux, van Champagne tot de wijnen uit de Loirevallei, van de Elzas tot de Rhônevallei; Frankrijk is zonder twijfel een land van wereldwijd bekende buitengewone wijnen. Maar hoe wordt wijn geclassificeerd in Frankrijk? De INAO klasseert Franse wijnen volgens een piramide, met aan de basis de Vin de Table, gevolgd door de Vin de Pays, dan Vin Délimité de Qualité Supérieure (VDQS) en aan de top de wijnen met de AOC-aanduiding, oftewel Appellation d'Origine Controlée. Deze laatste is de meest prestigieuze classificatie en tevens de meest beperkte, waarbij geografische regio, opbrengst per hectare en wijntechnieken strikt vastgelegd zijn. Bij VDQS daarentegen zijn de regels minder streng. Vanaf 1 augustus heeft de Europese Unie de aanduidingen teruggebracht tot twee: AOP en IGP.

Vin de Table: tafelwijn

Voor deze classificatie, de basis van de piramide, zijn

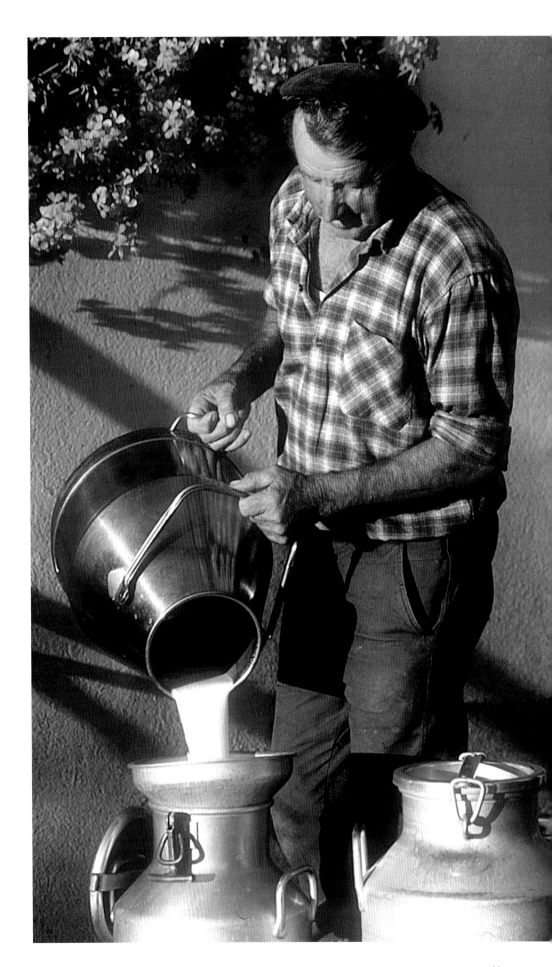

hectare and production techniques, while the rules for VDQS are less stringent. On 1 August 2009 the European Union introduced a new classification system that gathers all the previous designations under the standards AOP and IGP.

Vin de Table

This classification at the bottom of the pyramid has the least stringent selection criteria: a Vin de Table does not need to specify its year of production, geographic indication or even grape variety. This wine prioritises quantity rather than quality and is therefore destined for the mass market.

Vin de Pays/IGP

While having the same production regulations as VDQS and AOC wines, the Vin de Pays category allows higher yields and a lower alcohol content. The wines in this category are usually produced across much larger areas than AOC wines. The Vin de Pays designation ceased to exist in August 2009, and now comes under the IGP standard. The introduction of this European norm has led to the creation of regional IGPs such as the Loire Valley.

Appellation d'Origine Vin Délimité de Qualité Supérieure/AOVDQS

The production regulations for the AOVDQS category are very similar, but not as strict as those for the AOC standard. It should be noted that this is the least common classification in the French system (only 2% of total wine production). It can be seen as a kind of lead-in to the AOC standard. France currently has 72 AOVDQS wines.

Appellation d'Origine Controlée/AOC

At the top of the pyramid, AOC wines have extremely

de criteria behoorlijk ruim: een Vin de Table is niet verplicht om wijnjaar, geografische oorsprong of cépage op het etiket aan te duiden. Hier telt duidelijk meer kwantiteit dan kwaliteit, en het gros van deze productie is dan ook bestemd voor grootverbruik.

Vin de Pays/IGP: landwijn

Alhoewel dezelfde regels als voor VDQS- en AOC-wijnen worden toegepast, is het bij Vin de Pays toegestaan om bijvoorbeeld hogere opbrengst te hebben, of een lager minimaal alcoholpercentage. De wijnen die onder deze categorie vallen, worden gewoonlijk gemaakt in gebieden die ruimer gedefinieerd zijn dan bij AOC-wijnen. Vanaf augustus 2009 bestaat de aanduiding Vin de Pays eigenlijk niet meer, aangezien deze wijnen onder de classificatie IGP vallen. Dit is de Europese missie om de verschillen tussen de regionale wijnsoorten te harmoniseren, wat geleid heeft tot de creatie van IGP-regio's als de Loirevallei.

Appellation d'Origine Vin Délimité de Qualité Supérieure/AOVDQS

De regelgeving voor de productie van AOVDQS-wijnen lijkt veel op die voor AOC-wijnen, maar is minder streng. Deze categorie is de minst gebruikte binnen het Franse classificatiesysteem (toegepast op ongeveer 2% van de totale wijnproductie). De aanduiding is een soort van voorportaal voor de AOC-classificatie. Momenteel zijn er 72 AOVDQS wijnen in Frankrijk.

Appellation d'Origine Controlée/AOC

Aan de top van de piramide vinden we de AOC-wijnen, die zeer nauwbegrensde productiegebieden hebben en uiterst strenge productieregels. Het verdient echter opgemerkt te worden dat voor vele Franse wijnen de classificatie AOC niet de hoogst haalbare is. Binnen de AOC-aanduiding (waarvan er in Frankrijk

limited production areas and even stricter regulations. Yet for many French wines AOC is not the highest level of classification. Within an AOC (France boasts no less than 460) there can be further categories, such as *cru* or *climat* (the latter applies to Burgundy). These refer to specific plots of vineyards with unique, outstanding characteristics that make wine of the highest quality. The Bordeaux area, for example, has 54 AOC wines: some of these, such as Médoc, are further divided by Cru Classé: *Premier* Cru, *Deuxième* Cru, *Troisième* Cru, *Quatrième* Cru and *Cinquième* Cru. As you can see the situation is by no means simple!

TOUR DE GOURMANDS
Savouring French products is also an opportunity to visit traditional eateries, like the brasseries, which offer not only beer but complete menus, or the country's famous bistrots, without of course forgetting its great restaurants. If we started out in the north, in Brittany we would find tempting platters of ultra-fresh seafood, along with traditional gallettes, various local cheeses, salted butter and the ubiquitous cider. Heading east we come to Normandy, a surprising region rich in history and excellent food: with its apple orchards and green meadows the region boasts foie gras, cider, cheeses like Camembert and a real treat like Calvados. From the Normandy coast we could travel south to the legendary Champagne region, France's gastronomic hub. Endless rows of vines alternate with the Marne and Seine rivers, and the most prestigious wineries offer the chance to visit historic wine cellars lined with rows of *pupitres*. A little further south, Alsace is home to beer and great white wines (Gewürztraminer, Sylvaner, Pinot bianco, Riesling), *kougelhopf* and foie gras, and its classic half-timbered houses are an invitation to visit this region right next door to Germany. The Rhône-Alpes region is also a wonderful spot for foodies: a toast with a glass of Beaujolais Nou-

wel 460 zijn) zijn er verdere classificaties als de cru en de climat (de laatste wordt gebruikt voor Bourgognes). Deze verwijzen naar de onderverdeling van de wijngronden op basis van bijzondere en unieke capaciteiten voor het produceren van wijnen op de hoogste niveaus. Zo zijn er binnen het gebied van de Bordeaux 54 AOC-wijnen; sommige van deze wijnen, zoals bijvoorbeeld de Médoc, zijn nog verder onderverdeeld in "Cru Classé": Premier Cru, Deuxième Cru, Troisième Cru, Quatrième Cru, Cinquième Cru. Kortom, zeker geen overzichtelijke situatie!

TOUR DE GOURMANDS
Een ontdekkingstocht door Frankrijk is ook een mooi moment om karakteristieke eetgelegenheden te bezoeken, zoals de talrijke brasseries waar men bij de vele bieren complete menu's kan uitproberen, of de beroemde bistro's, en natuurlijk niet te vergeten de grootse restaurants. Stelt u zich voor, vertrekkend vanuit het mooie Bretagne in het noorden: op de Bretonse tafel vinden we een uitnodigende schotel verse zeevruchten, met daarnaast de traditionele wafels, gezouten boter en de onmisbare cider. Richting het oosten komen we in Normandië, een land dat verrassend rijk is aan geschiedenis en gastronomie: hier vinden we appelboomgaarden en groene weiden, uitstekende producten als foie gras, cider, kazen als Camembert en heerlijke Calvados. Richting het zuiden komen we in het mythische middelpunt van de Franse gastronomie, de regio Champagne: oneindige rijen wijnranken tussen Marne en Seine en prestigieuze maisons die uitnodigen tot bezoekjes aan historische wijnkelders vol pupitres. Iets verder naar beneden is er de Elzas, land van bieren en grootse witte wijnen, van kougelhopf en foie gras, met de kenmerkende vakwerkhuizen die uitnodigen tot een bezoekje aan het nabije Duitsland. Ook Rhône-Alpen is een gastronomische droomplek, waar

veau in a *bouchon* (the typical taverns of this area) where you can taste *mâchon Lyonnais* or sample one of this region's typical cheeses, like Beaufort or Reblochon, is a definite gastronomic highlight. Then we come to the south of France, where the sun shines on one of the most beautiful coastal areas of the Mediterranean: the Côte d'Azur. The vegetables, olives and herbs that flourish inland combine with the area's seafood cuisine, and Provence and Marseille are the ideal place for a sumptuous *bouillabaisse* with croutons and aioli. In the South-West we reach the Languedoc-Roussillon, with its *truffade*, purple asparagus and *cassoulet*, before coming to the Spanish border and the Midi-Pyrénées. France's biggest region, this area is home to one of the world's most famous blue cheeses, Roquefort, and the highly prized Armagnac, a wine-based spirit to be slowly sipped. And while we're on the subject of brandy, we can hardly miss out the homeland of Cognac, Poitou-Charentes. On the Atlantic coast, this region offers delicacies like Marennes-Oléron oysters, goat's cheeses like Chabichou and fruit like melons and strawberries.

THE PRODUCTS IN THIS BOOK

This book contains more than 150 typically French products of all kinds: from cheese to wine, cured meats to vegetables, seafood to fruit. The selection does not necessarily respect AOP and IGP classifications, because many of them are so quintessentially French, regardless of designation: classics like the baguette, foie gras, Perigord truffles, Bière de Garde, crêpes and bouillabaisse. Being obliged to make a selection, we wanted to represent all the products in the food pyramid, so you will find fruit and vegetables, bread and cereals, meat and fish, cheese and cured meats, extra virgin olive oil and spices, wines and classic liqueurs, with marked differences between one region and another. We will undoubtedly have left out products which deserved to be included in this book, and we look forward to FoodFrance 2 to do these 'forgotten' products justice.

men lekkere Beaujolais Nouveau kan drinken in een bouchon (zoals het karakteristieke restaurant van deze regio heet) bij mâchon lyonnais of kazen als Beaufort en Reblochon. In het zuiden van Frankrijk streelt de zon één van de mooiste kusten van de Middellandse Zee: de Côte d'Azur. Hier doen de akkers, olijfboomgaarden en aromatische kruiden van de Provence al vermoeden dat deze smaakvolle keuken land en zee op heerlijke wijze combineert: proef maar eens een heerlijke bouillabaisse *met brood en knoflookmayonaise in Marseille. Verder naar het zuidwesten komen we in Languedoc-Roussillon, waar* truffade, *paarse asperges en* cassoulet *op het menu staan. Eenmaal bij de grens met Spanje bevinden we ons in de grootste regio van Frankrijk: Midi-Pyrénées, het land van de Roquefort, een van de beroemdste blauwe schimmelkazen, en Armagnac, het eersteklas gedistilleerd om met kleine teugjes van te genieten. Ook een bezoekje aan het land van de Cognac, Poitou-Charentes, mag natuurlijk niet ontbreken. Deze regio biedt niet alleen populaire lekkernijen als oesters uit Marennes-Oléron en geitenkaas als Chabichou, maar ook heerlijk fruit als meloen en aardbei.*

DE PRODUCTEN IN DIT BOEK

Dit boek bevat meer dan 150 typische Franse producten: van kaas tot wijn, van vleeswaren tot groenten, van zeevruchten tot fruit. Deze producten werden niet enkel geselecteerd op basis van AOP- en IGP-keurmerken, maar ook omdat ze rechtstreeks in verband worden gebracht met de Franse cultuur, ongeacht hun classificatie: denk maar aan de baguette, foie gras, crêpes en bouillabaisse. Omdat we toch moesten kiezen, zijn de producten uit zoveel mogelijk verschillende gebieden geselecteerd, zodat u zowel groenten en fruit, brood en granen, vlees en vis, kaas en vleeswaren, extravergine olijfolie en kruiden, wijnen en likeuren vindt, met opmerkelijke verschillen tussen de regio's. Ongetwijfeld zijn er producten die een plaatsje verdienden, maar die komen aan de beurt in Food France II.

normandie

ooking out over the English Channel, Normandy (for administrative purposes divided into Upper and Lower Normandy) is a region rich in gastronomic tradition. Dairy products (Camembert, Neufchâtel, Beurre d'Isigny), fruit (the apples used to make cider and the prized Calvados Pays d'Auge) and fish (shellfish and crustaceans, but also sole) are the signature specialities of this fascinating area. With its sandy beaches revealed by low tides (Mont Saint Michel), and breathtaking cliffs like those of Côte d'Albâtre, the stunning coast is the ideal place to enjoy a plate of *moules et frites* or a glass of elisir Benedectine from Fécamp. The inland area is no less picturesque, with historic towns like Rouen, Pont l'Evêque (home to the cheese of the same name), valleys like the Loire and green meadows where Normandy cows graze. All in all, a region to explore and savour, discovering the delicious traditional biscuits called *bourdelots* (bread dough parcels with an apple filling) or sampling a Calvados chocolate.

Normandië, uitkijkend op het Kanaal en onderverdeeld in Hoog en Laag Normandië, is een regio met een sterke gastronomische inslag. Zuivelproducten (Camembert, Neufchâtel, Beurre d'Isigny), fruit (de appels waarvan cider en de uitstekende Calvados Pays d'Auge worden gemaakt) en vis (schaal- en weekdieren, zeetong) zijn een uitstekend visitekaartje voor deze fascinerende regio. De mooie kusten met zandstranden die te voorschijn komen bij laagtij, de adembenemende klippen van de Côte d'Albâtre: dit zijn ideale locaties om te genieten van moules et frites of de kruidendrank Benedectine uit Fécamp. Ook het binnenland is de moeite waard, met historierijke plaatsen als Rouen, Pont l'Evêque (waar de gelijknamige kaas vandaan komt), valleien zoals die van de Loire, en de groene weiden met Normandische koeien. Al met al een regio die het verdient ontdekt te worden, inclusief die heerlijke Normandische zoetigheden als bourdelots (appels in bladerdeeg uit de oven) of bonbons met Calvados.

calvados aoc
calvados aoc

The apples of Normandy are used to make one of this region's most characteristic products: cider. And cider is used, or rather distilled, to make a highly prized spirit, known throughout the world: Calvados. This spirit, which was granted AOC status in the 1940s, comes in two designations: *Calvados AOC Pays d'Auge*, the most prestigious, produced using only the apples grown in Pays d'Auge and distilled twice (*première chauffe* and *bonne chauffe*), and *Calvados AOC*, produced outside Pays d'Auge. Calvados is aged in oak or chestnut barrels, where it develops, changes colour and reduces its original strength, arriving at 40–45% ABV and acquiring its characteristic aroma. Once bottled, it holds its own with the finest Cognacs and Armagnacs.

Appels uit Normandië zijn de basis voor een drank die deze regio ten voeten uit karakteriseert: de cider. Maar daar blijft het niet bij, want van cider wordt op zijn beurt weer een eau-de-vie *gedistilleerd dat wereldwijd bekend is: Calvados. Deze sterke drank die in de jaren veertig van de vorige eeuw het keurmerk AOC kreeg, heeft twee mogelijke aanduidingen:* Calvados AOC Pays d'Auge *is de verfijndste, enkel gemaakt van appels uit Pays d'Auge en dubbel gedistilleerd (*première chauffe en bonne chauffe*), terwijl* Calvados AOC *uit een gebied komt dat buiten het Pays d'Auge ligt. Het distillaat laat men rijpen in vaten van eiken- of kastanjehout zodat het dieper van smaak en kleur wordt en het alcoholpercentage vermindert tot uiteindelijk 40-45%. Dit is het moment waarop het karakteristieke aroma het best is. Eenmaal gebotteld doet Calvados niet onder voor de beste Cognac of Armagnac.*

livarot aop
livarot aop

A soft cheese made from unpasteurised cow's milk, Livarot is produced in the Pays d'Auge area of Lower Normandy. Also known as *Colonel*, due to the characteristic stripes on its rind (in the past created with willow wood, now paper or reeds), Livarot has a prestigious history that goes back to the Middle Ages. Indeed it is even mentioned in the 1260 *Roman de la Rose*, which describes the so-called *angelots* cheeses (the predecessors of the modern Livarot, Camembert and Pont l'Evêque) being served at banquets. Livarot has a flattened cylindrical shape and a straw yellow rind, and the forms reach a weight of around 500 grams. It has a pungent flavour with grassy notes, and can be aged for a period that varies from three weeks to two months. Excellent accompanied with a full-bodied red wine.

Livarot is een zachte kaas gemaakt van rauwe koemelk en afkomstig uit Pays d'Auge, in Laag-Normandië. De kaas wordt ook wel Colonel *genoemd vanwege de typische strepen die de kaas omcirkelen (vroeger van strookjes gedroogd wilgenblad, maar tegenwoordig van papier of riet). De Livarot kent een prestigieuze traditie geworteld in de middeleeuwen; de kaas wordt zelfs genoemd in de* Roman de la Rose *van 1260, waar men kan lezen hoe op alle goede tafels de zogenaamde* angelots *kazen werden geserveerd, d.w.z. kazen afkomstig uit het tegenwoordige Livarot, Camembert of Pont l'Evêque. De Livarot heeft de vorm van een afgevlakte cilinder, met een strogele korst en een gewicht van ongeveer 500 gram. De zachte kaas heeft een sterke smaak die doet denken aan kruidenaroma's en de rijpingsduur kan variëren van drie weken tot twee maanden.*

normandie
kalfsragout veal ragout

For the meat: 800 g veal, 3 carrots, 1 leek, 4 yellow onions, 1 bouquet garni, salt, pepper
For the mushrooms: 200 g mushrooms, 100 ml water, juice of 1/2 lemon, 20 g butter, salt
For the sauce: 40 g flour, 2 egg yolks, 100 ml fresh cream, 40 g butter

For the meat: wash and chop the carrots, leek and onions. Cut the meat into pieces and place in a pan. Cover with cold water and bring to the boil. Remove the foam as it forms, and add the chopped vegetables and bouquet garni. Season and leave to cook for around an hour and a half, then drain the meat and set aside. Filter the broth (around 1.5 l). For the mushrooms: wash and slice the mushrooms. Cook them, covered, with the butter, water, lemon juice and a pinch of salt. For the sauce: in a large pan melt the butter and add the flour, stirring constantly. Pour in the meat broth previously put aside and cook for 5–10 minutes. In a bowl whisk the egg yolks with the cream and add to the sauce. Add the pieces of meat and mushrooms to the sauce. Cook over a low heat for a few minutes and serve.

Voor het vlees: 800 gr kalfsvlees, 3 wortels, 1 prei, 4 uien, 1 bouquet garni, zout, peper. Voor de champignons: 200 gr champignons, 100 ml water, sap van halve citroen, 20 gr boter, zout. Voor de saus: 40 gr bloem, 2 eierdooiers, 100 ml crème fraîche, 40 gr boter

Voor het vlees: schil en snijd de wortels, de prei en de uien in stukjes. Snijd het vlees in stukken en doe het in een koekenpan. Bedek met koud water en breng aan de kook. Schep het schuim eraf, voeg de gesneden groentjes, het bouquet garni, zout en peper toe. Kook ongeveer anderhalf uur. Schep het vlees eruit en zet het aan de kant. Zeef de bouillon (ongeveer 1,5 l). Was de champignons en snijd ze in stukjes. Kook ze met het deksel op de pan samen met de boter, het water, het citroensap en een snuifje zout. Voor de saus: smelt de boter in een ruime pan en strooi er al roerend de bloem bij. Schenk de apart gehouden vleesbouillon erbij en laat ongeveer 5-10 minuten doorkoken. Klop in een kommetje de eierdooiers door de crème fraîche en schenk dit bij de saus. Schep de stukken vlees en de champignons in de saus. Laat op laag vuur enkele minuten doorkoken en serveer.

neufchâtel aop

neufchâtel aop

Produced in the Seine-Maritime department and one town in the Oise department in Upper Normandy (mostly in the area between Neufchâtel-en-Bray and Forges-les-Eaux), Neufchâtel is a soft cheese with a characteristic heart-shaped form (it is said that during the Hundred Years' War girls offered cheeses this shape to the English soldiers). Its distinctive characteristic is that the milk used to make it comes exclusively from Normandy cows reared only on fresh grass or hay from the production area. The result is a cheese with a characteristic flavour, slightly piquant with a mushroomy aftertaste. The interior is ivory in colour, while the rind is white and bloomy. In cooking it has various uses; either melted or as an ingredient in tasty salads, or on a cheese board, served with a glass of chilled Beaujolais.

Uit Hoog-Normandië, om precies te zijn uit het departement Seine-Maritime en een gemeente in het departement Oise, komt de Neufchâtel. De voornaamste productie komt uit het gebied tussen Neufchâtel-en-Bray en Forges-les-Eaux. Dit is een zachte kaas met een opmerkelijke hartvorm (het schijnt dat tijdens de Honderdjarige Oorlog meisjes de kaas in deze vorm schonken aan Engelse soldaten). Wat de kaas karakteriseert is dat de melk waarvan hij wordt gemaakt afkomstig is van Normandische koeien die enkel en alleen gevoederd worden met vers gras of hooi uit het productiegebied. Het resultaat is een kaas met een kenmerkende smaak, een lichtpikante toets en een nasmaak die doet denken aan paddenstoelen. De kaas is ivoorkleurig terwijl de korst wit en donzig is. Bij het koken is de kaas een perfect ingrediënt in heerlijke salades, of na het diner met een mooi glas frisse Beaujolais.

camembert from normandy aop
camembert uit normandië aop

Produced using cow's milk from Normandy cows (*vache normande*), *Camembert de Normandie AOP* is one of the best-known, best-loved French cheeses. With its unmistakeable white rind, ivory interior and buttery flavour, Camembert ripens for a minimum of 20 days, up to a maximum of 30–35 days. It is sold in traditional poplar wood boxes to let it breathe and preserve its sensory properties. But how should it be eaten? The ideal accompaniment is some fresh crusty bread, such as a baguette, just out of the oven, or with jam or citrus preserve. Its oozy consistency makes it particularly suitable for cooking, for example in quiches, or melted over cooked vegetables. And as we are in Normandy, why not wash it down with a glass of dry cider?

Camembert de Normandie AOP, *gemaakt met koeienmelk van Normandische koeien (*vache normande*), is één van de bekendste en meest gewaardeerde Franse kazen. De vorm van Camembert is onmiskenbaar, met de kenmerkende witte korst en een zachte, ivoorkleurige en boterachtige kaasmassa. De kaas heeft minstens 20 dagen gerijpt, met een maximum van 30-35 dagen. In de winkel is de kaas te vinden in het karakteristieke ronde houten doosje dat de kaas laat "ademen" maar dat ook de geur en de smaak bewaart. Hoe moet Camembert gegeten worden? Ideaal zou zijn met een krokant en geurig brood, bijvoorbeeld een stokbrood vers uit de oven, of met jam of confiture van citrusvruchten. Omdat de kaas zo makkelijk smelt, is ze heel geschikt om mee te koken, bijvoorbeeld in hartige taarten of gesmolten over gekookte groentjes. En aangezien we toch in Normandië zijn, wat beter te drinken bij Camembert dan een mooi glas Cidre Brut?*

sole fillets from normandy zeetong uit normandië

6 sole fillets (from 170 g to 230 g each), 225 g flour, juice of 1 lemon, 10 sprigs parsley, 160 g salted butter, salt, pepper

Remove the skin from the fillets. Wash and chop the parsley. Season the fillets with salt and pepper on both sides then dredge with flour, removing any excess flour. Melt 80 g butter in a large frying pan. Place the fillets in the pan, one or two at a time, and cook them for 5 minutes on each side. Remove from the pan and keep them warm. Put the lemon juice and chopped parsley in the pan with the cooking juices and add the remaining butter. Place the cooked sole fillets in the pan with the sauce for a few minutes then serve.

6 tongfilets (tussen de 170 en 230 gr per stuk), 225 gr bloem, sap van 1 citroen, 10 takjes peterselie, 160 gr gezouten boter, zout, peper

Verwijder de huid van de filets. Was de peterselie en hak hem fijn. Bestrooi de filets aan beide zijden met zout en peper en haal ze door de bloem. Schud het teveel aan bloem eraf. Smelt in een ruime koekenpan 80 gr boter. Leg er voorzichtig een of twee tongfilets in en bak deze ongeveer 5 minuten aan beide kanten. Haal de filets uit de pan en houd ze warm. Voeg het citroensap en de gehakte peterselie bij het bakvet, roer de rest van de boter erdoor en leg de gebakken tongfilets erin. Laat enkele minuten op smaak komen en serveer.

cidre from normandy igp
normandische cider igp

With all its apple trees, Normandy is cider country par excellence. A tradition that goes right back to the 8th century, cider in these parts goes by the name of *Cidre de Normandie IGP*. Sweet and sweetish varieties of apple are used, and after being picked the fruit is washed and ground into a pulp. This pomace is pressed to obtain the must or juice which is clarified and left to ferment. The finished product is yellowy-orange in colour with a naturally fruity bouquet and tangy flavour. Cidre de Normandie makes an excellent aperitif but can also be drunk with meals, accompanying the fresh cheeses that are a regional speciality, as well as meat dishes, oysters and foie gras. Apart from Cidre de Normandie IGP there are other designations, like the higher quality *Cidre Bouché de Normandie IGP*, and *Cambremer AOP* made exclusively in the heart of the Pays d'Auge area.

Bij een regio zo rijk aan appelbomen als Normandië, zal het geen verbazing wekken dat dit het vaderland van de cider is. Het is hier dat de cider, het resultaat van een eeuwenoude traditie teruggaand tot in de 12e eeuw, de aanduiding Cidre de Normandie IGP *krijgt. De gebruikte soorten zijn zoete en zoetzure appels die worden verzameld, gewassen en gemalen. De pulp wordt uitgeperst en de zo verkregen most wordt vervolgens geklaard en gefermenteerd. Het eindproduct is een oranje-gele drank met een duidelijk fruitig bouquet en een uitgesproken aroma. De* Cidre de Normandie *is heerlijk als aperitief maar kan ook gedronken worden bij de maaltijd, gecombineerd met typische verse kazen uit de regio, of met vleesgerechten, oesters en foie gras. Naast de Cidre de Normandie IGP bestaan er tevens andere aanduidingen, zoals de* Cidre Bouché de Normandie IGP *van superieure kwaliteit, en de* Cambremer AOP*, een cider die enkel gemaakt wordt in het hart van Pays d'Auge.*

leeks from créances igp
prei uit créances igp

The town of Créances, situated in the Manche department of Lower Normandy, is famous for its prize leeks with a wonderful flavour that derives from the sandy soil in this area. The leeks are cultivated underground, which means they have to be washed thoroughly to get rid of the earth. *Poireaux de Créances* have a wonderful nutty flavour and are very low in calories (only 27 calories per 100g serving). They can be steamed, blanched, gratinated or served raw for a tasty salad, or used to make delicious quiches and soups.

In de gemeente Créances die deel uitmaakt van het departement Manche in de regio Laag-Normandië, verbouwt men een eersteklas prei met geur- en smaakeigenschappen die nauw verbonden zijn met de zandgronden zo kenmerkend voor dit gebied. De teelt van de prei gebeurt ondergronds, dus het is belangrijk dat de groente goed gewassen wordt en alle resten van de omringende aarde verwijderd. De Poireaux de Créances *heeft een smaak die doet denken aan hazelnoot en hij is vooral geprezen om zijn lichtheid (amper 27 kcal per 100 gr bereide prei). In de keuken kunt u de prei stomen, koken, gratineren of rauw serveren in rijke salades, of gebruiken als ingrediënt in hartige taarten, soepen en veloutés...*

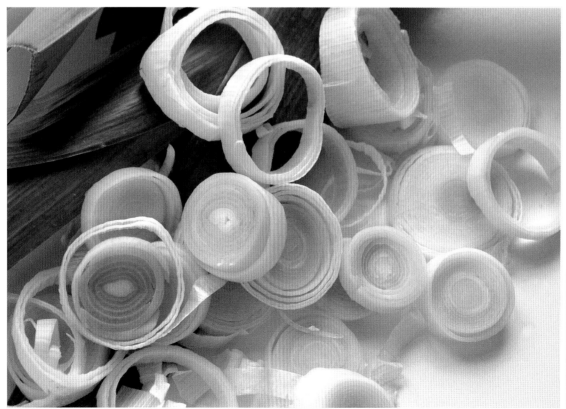

appeltaart apple tart

250 g shortcrust pastry, 5 Pippin apples, 100 g butter, 100 g 00 flour, 100 g almond flour, 180 g granulated sugar, 1 dessert spoon vanilla sugar, 200 ml fresh cream, juice of 1 lemon, 1 teaspoon cinnamon, flaked almonds

Use the pastry to line a 26 cm cake tin, previously buttered and floured, and prick all over with a fork. Peel the apples and cut into thin strips. Squeeze the lemon juice over them to stop them turning brown. Lay the apples on the pastry in concentric circles. Mix the two kinds of flour, 100 g granulated sugar, the vanilla sugar and softened butter. Lay the resulting mixture on top of the apples. Sprinkle with cinnamon and decorate with flaked almonds. Bake in a pre-heated oven at 180 °C for 25–30 minutes. Whip the cream with the remaining sugar. Serve the tart warm with the whipped cream.

250 gr boterdeeg, 5 goudrenetten, 100 gr boter, 100 gr "00" bloem, 100 gr amandel-bloem, 180 gr kristalsuiker, 1 zakje vanille-suiker, 200 ml crème fraîche, sap van 1 citroen, 1 theelepel kaneel, geschaafde amandelen

Beleg een ingevet en met bloem bestrooid bakblik met een doorsnee van 26 cm met het boterdeeg. Prik met een vork gaatjes in het deeg. Schil de appels en snijd ze in dunne plakjes. Besprenkel de appel met het citroensap om verkleuren te voorkomen. Verdeel de plakjes in cirkels over het deeg. Doe de twee soorten bloem in een kom, samen met 100 gr kristalsuiker, de vanillesuiker, en de boter (op kamertemperatuur). Schep goed om en verdeel het mengsel over de appels. Breng op smaak met kaneel en decoreer met de geschaafde amandelen. Bak 25-30 minuten in een voorverwarmde oven op 180 °C. Klop de slagroom met de overgebleven suiker. Serveer de appeltaart lauw, met de slagroom.

bretagne

The mention of *crêpes* or rather *galettes* (the savoury Breton version made with buckwheat flour), and *Coquille Saint-Jacques des Côtes d'Armor* offers a revealing insight into a region where land and sea, magical forests and rugged coastline, sit side by side, in culinary terms too. A trip along the Brittany coast has to include a stop-off in a characteristic eaterie to sample one of the region's traditional specialities: a brimming platter of seafood accompanied by rye bread, mayonnaise and salted butter. Celtic traditions are also part of the area's rich cultural heritage, with products and recipes like beer, mead and *Chouchen* (a liqueur that is excellent both as aperitif and digestif). Inland, a rural speciality is *kig ha farz*, a hearty winter dish based on boiled meats and vegetables served with a buckwheat dumpling.

Denk enkel aan crêpes *of beter nog aan* galettes *(de gezouten Bre-tonse versie wordt gemaakt met boekweitmeel) of de Sint-jakobs-schelp en er presenteert zich een regio waar land en zee, betoverende bossen en ruwe rotspartijen ook in de gastronomie sa-menkomen. Een reis langs de kust van Bretagne zou niet compleet zijn zonder de plaatselijke gerechten te proeven in één van die ka-rakteristieke eetgelegenheden, bijvoorbeeld een bord voordevol zee-* vruchten, met heerlijk zwart brood, mayonaise en gezouten boter. *De Keltische traditie is een belangrijke culturele erfenis met pro-ducten en recepten als bier, mede, en de* Chouchen*-likeur (heerlijk als aperitief en digestief). Een traditioneel plattelandsgerecht uit het binnenland is* kig ha farz, *een kostelijk wintergerecht met gekookt vlees en groentjes, gegarneerd met boekweitmeelballetjes.*

coco de paimpol aop beans
coco de paimpol aop bonen

This white bean that grows in pale yellow pods with purple spots is cultivated in no less than 85 towns in Brittany, north of the Côtes d'Armor department. Entirely handpicked, the *Coco de Paimpol AOC* has a nutty flavour, recalling hazelnuts and chestnuts, with light floral notes. The beans are used frozen or semi-dried, making them softer and more digestible. They do not require soaking and should be boiled for 30 minutes, starting off in cold water. To make the most of the flavour they can be boiled and dressed with a little oil and a pinch of salt and pepper, or they can be eaten with other vegetables and legumes and served with pasta, or as a side dish (delicious puréed). Ideal with pan-fried foie gras, free range poultry and smoked sausage.

Er zijn wel 85 gemeentes in Bretagne, in het noorden van het departement Côtes d'Armor, waar men zich wijdt aan het verbouwen van deze witte boon in zacht-gele, paarsgevlekte peulen. De oogst van de Coco de Paimpol AOC *is speciaal omdat deze nog steeds alleen maar met de hand gebeurt. De smaak doet denken aan hazelnoot en kastanje, met een lichte, bloemachtige toets. De bonen kunnen zowel uit de diepvries als half-gedroogd worden gebruikt; in het laatste geval zijn ze lichter en makkelijker verteerbaar. De bonen hoeven niet geweekt te worden; reken op een kooktijd van on-geveer 30 minuten in koud water. De smaak komt het best tot zijn recht wanneer de bonen gekookt zijn en vervolgens op smaak gebracht met een scheutje olijf-olie en een snuifje zout en peper, maar ze zijn ook heel lekker in combinatie met andere groenten en peul-vruchten, in pastagerechten of als bijgerecht (heerlijk als puree)… Ook zeer de moeite waard met gebakken foie gras, scharrelpluimvee of gerookte worst.*

waffles from brittany bretoense wafels

250 g buckwheat flour, 1 egg, 500 ml tap water,
50 ml sparkling mineral water, 50 ml beer,
slightly salted butter (demi-sel), 2 dessert spoons olive oil, salt

Sieve the buckwheat flour and make a well in the centre. Put the egg and a pinch of salt in the well. Mix and gradually incorporate the tap water, beer and oil. Cover the bowl with clingfilm and leave to rest for at least an hour. Then incorporate the mineral water into the dough, mixing continuously. Cook the galettes in a buttered non-stick pan. Garnish as you like with eggs, ham and cheese. The original recipe did not include egg.

250 gr boekweitmeel, 1 ei, 1/2 l water, 50 ml
koolzuurhoudend mineraalwater, 50 ml bier,
halfgezouten boter, 2 eetlepels olijfolie, zout

Zeef het boekweitmeel in een kom, maak een bergje van het meel en vorm een kuiltje in het midden. Breek het ei in het kuiltje en voeg een snuifje zout toe. Meng dit en voeg beetje bij beetje het water, het bier en de olie toe. Laat minstens een uur rusten in een met plasticfolie afgedekte kom. Schenk vervolgens al roerend het mineraalwater erbij. Bak de flensjes in een met boter ingevette koekenpan met anti-aanbaklaag. Garneer naar smaak met eieren, ham, kaas. In het traditionele recept wordt er geen ei toegevoegd aan het deeg.

bretagne
far breton far breton

200 g flour, 200 g sugar, 5 eggs, 750 ml milk,
250 g stoned prunes, dark rum

Soak the prunes in the rum. Put the flour, sugar and eggs in a bowl and whisk, pouring the milk in slowly. Continue whisking to create a runny, lump-free mixture. Add a spoonful of rum and pour the mixture into a tin previously buttered and sprinkled with a mixture of flour and sugar. Drain and squeeze the prunes and push them into the mixture. Bake in a preheated oven at 180 °C for around 30 minutes, until golden and no longer moist inside. Serve warm.

200 gr bloem, 200 gr suiker, 5 eieren, 750 ml melk, 250 gr gedroogde pruimen zonder pit, donkere rum

Laat de pruimen weken in de rum. Doe bloem, suiker en eieren in een kom. Klop met een garde en schenk er langzaam de melk bij. Voeg een eetlepel rum toe en schenk het mengsel in een bakblik bestrooid met bloem en suiker. Druk de uitgelekte en uitgeknepen pruimen in het beslag. Bak ongeveer 30 minuten in een voorverwarmde oven op 180 °C, tot de bovenkant goudgekleurd en de far breton van binnen droog is. Lauw serveren.

saint-jacques scallops from côtes d'armor igp

sint-jakobsschelpen uit côtes d'armor igp

We are all familiar with the characteristic reddish-brown shell of this particular mollusc, which was depicted on the cloaks of Medieval pilgrims on their way to Santiago de Compostela and is a popular decorative element in many styles of architecture. But perhaps not everybody knows that this shellfish is fished in natural beds in the Côtes d'Armor department of Brittany in the winter months. To be sold it has to measure at least 10.2 centimetres across. Another little-known fact is that from 1 October to 1 March it lacks the red coral that distinguishes it. It can be found whole, shelled, fresh or frozen, only needs to be cooked for a short time and is delicious baked, gratinated with breadcrumbs or béchamel sauce, on a kebab with fruit or accompanied with a green salad or endive.

Wie kent de overbekende vorm van deze mantelschelp niet, met de typische roodbruine kleur en vaak afgebeeld op de mantels van middeleeuwse bedevaarders op weg naar Santiago de Compostella of gebruikt als versiering in vele architectuurstijlen. Het is echter niet algemeen bekend dat deze schelp gevangen wordt in de wintermaanden, in de natuurlijke vindplaats in het Bretonse departement Côtes d'Armor. Opmerkelijk is ook dat de schelp minstens 10,2 centimeter groot moet zijn om verkocht te mogen worden. Van begin oktober tot begin maart bevat de schelp bovendien niet het karakteristieke rode koraal. Sint-jakobsschelpen zijn met of zonder schelp verkrijgbaar, zowel vers als diepgevroren en ze hebben een zeer korte kooktijd. Heerlijk uit de oven, gegratineerd met paneermeel of bechamelsaus, op spiesjes met stukjes fruit, of bij een groene salade.

SB 221

bretagne
baked saint-jacques sint-jakobsschelpen uit de oven

8 scallops, 80g breadcrumbs, 50 g grated parmesan,
2 dessert spoons chopped parsley, 2 cloves garlic,
200 ml stock,1/2 glass oil, salt, pepper

Mix the breadcrumbs, cheese, parsley, crushed garlic and a pinch of salt and pepper in a bowl. Add the oil and stock and mix well until you have a mixture that is not too dry or too runny. Put the scallops in a casserole dish, stuff them with the bread-crumb mixture and drizzle with oil. Cook in a preheated oven at 200 °C for around 15 minutes.

8 Sint-jakobsschelpen, 80 gr paneermeel, 50 gr geraspte Parmigiano Reggiano, 2 lepels gehakte peterselie, 2 teentjes knoflook, 200 ml visbouillon, 1/2 kopje olie, zout, peper

Meng in een schaal paneermeel, kaas, peterselie, geperste knoflook en een snuifje zout en peper. Voeg de olie en de visbouillon toe. Goed vermengen tot er een mengsel ontstaat dat niet te droog en niet te vloeibaar is. Verdeel de Sint-jakobsschelpen over een bakblik, vul ze met het paneermeel-mengsel en besprenkel ze met olijfolie. Bak ze vervolgens 15 minuten in een voorverwarmde oven op 200 °C.

breton oysters
oesters uit bretagne

Rade de Brest, Nacre des Abers, Morlaix-Penzé, Rivière de Tréguier, Paimpol, Fréhel, Arguenon and *Cancale*: the roll-call of varieties of Breton oysters. Just like cru characterise different winemaking areas, the oysters of Brittany are classified by the area where they are farmed. All the varieties have their own characteristics and are farmed using different methods: from plastic mesh bags on metal tables, to those directly on plots of sandy soil protected by a fence, to those in waters up to a depth of 15 metres. They are harvested after two years, by boats equipped with special dredges. Before being sold they have to 'rest' for at least 24–48 hours in aerated pools to cleanse them. The largest are classified 000, the flat ones by size, and the others from 1 to 5 (from largest to smallest).

Rade de Brest, Nacre des Abers, Morlaix-Penzé, Rivière de Tréguier, Paimpol, Fréhel, Arguenon, Cancale, allemaal namen van Bretonse oestervarianten. Net als de aanduiding cru *voor wijngebieden zijn deze oesters onderverdeeld op basis van de plaats waar ze geteeld worden. De verschillende types oester hebben allemaal hun eigen kenmerken en ze worden op uiteenlopende manieren gekweekt; met zakken van plastic netten op metalen tafels, direct op zandgrond in afgezette oesterbedden, en zelfs op 15 meter diepte. De oesters worden geoogst na hun tweede jaar, met boten uitgerust met de gebruikelijke oesterkorren. Voordat de oesters op de markt komen moeten ze eerst 24 tot 48 uur "verwateren" in bassins om ze te zuiveren. De grootste oesters worden aangeduid met het nummer 000, platte oesters in kaliber van 1 tot 5 (de kleinste soort).*

bretagne
sweet crêpes crêpes met suiker

250 g flour, 4 eggs, 500 ml milk, 1 dessert spoon melted butter,
1 dessert spoon vanilla sugar, slightly salted butter (demi-sel),
sugar, olive oil

Break the eggs into a bowl and whisk. Pour in the milk, continuing to whisk. Add the flour in one go, mixing to avoid lumps forming. Add the sugar and melted butter. Mix and let the batter rest for an hour. Grease a crêpe-maker (or non-stick pan) with a little oil and when it is hot pour on a ladleful of the batter. Cook for 1 or 2 minutes then turn the crêpe over. Top with a knob of slightly salted butter and a dusting of sugar (granulated or icing sugar). Place the crêpe on a plate folded into a triangle. After each crêpe, grease the crêpe-maker with kitchen paper dipped in oil.

250 gr bloem, 4 eieren, 1/2 l melk, 1 lepel gesmolten boter, 1 zakje vanillesuiker, licht gezouten boter (demi-sel), suiker, olijfolie

Breek de eieren in een kom en klop ze met een garde. Schenk de melk erbij en blijf kloppen. Voeg in één keer alle bloem toe. Goed kloppen om klontjes te voorkomen. Voeg tot slot de vanillesuiker en de gesmolten boter toe en laat het beslag een uur rusten. Vet een crêpière (of koekenpan met anti-aanbaklaag) in met wat olie en schep wanneer de olie warm is een lepel beslag in de pan. Laat 1 of 2 minuten bakken en draai de crêpe dan om. Leg er enkele klontjes licht gezouten boter op en bestrooi met suiker (gewone of poedersuiker). Leg de crêpe op een bord en vouw hem in een driehoek. Vet na elke crêpe de pan of bakplaat opnieuw in met in olie gedrenkt keukenpapier.

cournaille aop

cournaille aop

Like neighbouring Normandy, Brittany also has a time-honoured tradition when it comes to cider. Produced in the Finistère department, *Cournaille AOP* is indeed one of the area's main mealtime beverages. Made from fermented apple must, this cider has different sensory properties according to the variety of apple used: it can range from being light in colour and acidic, to being darker due to more tart apples. The end result is a product with a fruity, floral bouquet, marked flavour and up to 7% ABV. Its abundant head and lasting perlage call for serving in flutes at a temperature from 7 to 10° C to really bring out the flavour. It is sold in Champagne bottles and should be kept somewhere cool, like a wine cellar. An excellent accompaniment to many sweet and savoury dishes: seafood, fish, crêpes, cheeses and desserts.

Net als bij het naburige Normandië bestaat er in Bretagne een sterke en oude traditie in het maken van cider. Uit deze traditie stamt de Cournaille AOP *die één van de voornaamste dranken op de Bretonse eettafel is geworden. Het productiegebied strekt zich uit over de departementen van de Finistère en de cider, het product van gefermenteerde most van appels, heeft ook hier uiteenlopende geur- en smaakkwaliteiten al naar gelang de gebruikte appelsoort: soms helder en zurig, maar ook donkerder wanneer de gebruikte appelsoort zuurder is. Het eindresultaat is een drank met impressies van bloemen en fruit, een uitgesproken aroma en een alcoholpercentage dat kan oplopen tot 7%. Vanwege het overvloedige schuim en de aanhoudende perlage moet de cider geserveerd worden in een flûte, met een temperatuur tussen de 7 en de 10 ° C zodat de smaak het best tot zijn recht komt. De cider is te koop in champagneflessen en dient bewaard te worden in een koele omgeving zoals bijvoorbeeld de kelder. Heerlijk bij zowel zoete als hartige gerechten: zeevruchten, vis, crêpes, kaas en desserts.*

bretagne

palets bretons palets bretons

150 g flour, 60 g sugar, 120 g salted butter,
3 egg yolks, 1 dessert spoon milk

Mix 2 egg yolks with the sugar. Add the softened butter and the milk. Mix well and add in the sieved flour. Make the mixture into a ball, wrap it in cling film and leave in the fridge for 30 minutes. Make the ball into a cylinder with a diameter of around 3 cm and put back into the fridge for an hour. Cut into slices about 1 cm thick (it will make around 20) and place them onto a baking sheet lined with greaseproof paper. Brush the palets with the remaining egg yolk. Bake in a preheated oven at 200 °C for 15 minutes.

150 gr bloem, 60 gr suiker, 120 gr gezouten boter, 3 eierdooiers, 1 eetlepel melk

Meng in een kom de 2 eierdooiers en de suiker. Voeg de op kamertemperatuur gebrachte boter en de melk toe. Goed mengen en de gezeefde bloem toevoegen. Maak van dit deeg een bal, wikkel de bal in plasticfolie en laat 30 minuten rusten in de koelkast. Vorm van het deeg een cilinder van ongeveer 3 cm doorsnee en leg deze nog eens een uur in de koelkast. Snijd er 1 cm dikke plakken van (in totaal een twintigtal), verdeel de plakken over een met bakpapier bedekt bakblik. Bestrijk de bovenkanten van de palets met de overgebleven eierdooier. Bak ongeveer 15 minuten in een voorverwarmde oven op 200 °C.

bretoense taart breton cake

250 g flour, 250 g sugar, 250 g salted butter,
4 eggs (around 60 g each), 1 teaspoon baking powder

Separate the egg yolks from the whites. Put the yolks in a bowl with the sugar and beat with a fork. Incorporate the softened butter, baking powder and flour. Stir to create a soft consistency. Beat the egg whites into firm peaks and incorporate into the mixture. Pour into a 26 cm tin, buttered and floured. Level with a spatula and bake in a preheated oven at 180 °C for 35–40 minutes. This cake is also known as 'four quarters' due to its four ingredients in the same quantities.

250 gr bloem, 250 gr suiker, 250 gr gezouten boter, 4 eieren (van ongeveer 60 gr elk), 1/2 zakje dessertgist

Scheid de eierdooiers en de eiwitten. Doe de dooiers in een kom en meng met een vork de suiker erdoor. Voeg de op kamertemperatuur gebrachte boter, de gist en de bloem toe. Meng tot er een zacht beslag ontstaat. Klop de eiwitten tot stevig schuim en schep ze door het beslag. Schenk het beslag in een met boter ingevet en bloem bestrooid bakblik van 26 cm doorsnee. Strijk glad met een spatel en bak 35-40 minuten in een voorverwarmde oven op 180 °C. Deze taart heet ook wel "quatre quarts" omdat alle ingrediënten in dezelfde hoeveelheden voorkomen.

nord pas de Calais

The Nord-Pas-de-Calais region occupies the northern-most tip of France, on the border with Belgium. Gastronomic specialities include Maroilles, a cow's milk cheese which originated in the 10th century in the abbey of the same name. The area offers a wonderful variety of specialities from the coast (Boulogne-sur-Mer and Calais are a stone's throw from England) such as herring. In the inland area specialities include garlic and endive, delicious raw or as an ingredient in numerous dishes. The flat land in this region makes it ideal for agriculture (from maize to legumes like the prized *Lingot du Nord*, a popular variety of white bean). Nord-Pas-de-Calais is also known for its *gouffres* (a typical dessert) and beer (being right next door to Belgium, which is famous for its microbreweries). The local *Bière de Garde* makes the perfect accompaniment to one of this region's specialities: *carbonade flamande*.

Het meest noordelijke punt van Frankrijk aan de grens met België heet Noord-Nauw van Calais. Een van de karakteristieke producten van deze streek is de Maroilles, een kaas van koeienmelk die zijn oorsprong kent in de tiende eeuw in de gelijknamige abdij. Deze streek heeft verrassende producten zowel van de kust (Boulogne-sur-Mer en Calais zijn op een steenworp afstand van Engeland) zoals de haring, als uit de binnenlanden, zoals de knoflook en de witloof, die rauw heerlijk is maar die ook het basisingrediënt vormt in talrijke re-cepten. Dit vlakke land is ideaal voor het verbouwen van allerhande gewassen, van mais tot peulvruchten als de eersteklas witte Lingot du Nord boon. Het Noord-Nauw van Calais staat ook bekend om haar gauffres (de typische wafels) en het bier (België, het land bij uitstek voor artisanale bieren, is natuurlijk niet ver weg), in het bijzonder het Bière de Garde dat heerlijk smaakt bij één van de specialiteiten van deze streek: de carbonade flamande.

mosselen mussels marinière

2 kg Bouchot mussels, 500 ml dry white wine, 4 shallots, 2 onions, 1 clove garlic, 1 stick celery with leaves, 1 bunch parsley, thyme, 1 bay leaf, 100 g butter, pepper

Scrape the mussels and wash and dry them. Peel the shallots and onions and roughly chop them. Melt the butter in a pan and add the shallots, onions, crushed garlic, bay leaf, thyme and a pinch of pepper. Cook for a few minutes then add the mussels. Add the parsley and celery, previously washed and dried. Pour in the wine, stir and cover until all the mussels are open. Serve immediately. The cooking liquid can be filtered and used to make a velouté sauce.

2 kg Bouchotmosselen, 1/2 l droge witte wijn, 4 sjalotjes, 2 uien, 1 teentje knoflook, 1 stengel selderij met blad, een bosje peterselie, tijm, 1 laurierblad, 100 gr boter, peper

Schrob de mosselen schoon, was en droog ze. Schil de sjalotjes en de uien. Snijd ze in grove stukken. Smelt in een koekenpan de boter, voeg de sjalot, de ui, de geperste knoflook, de laurier, wat tijm en een snuifje peper toe. Bak enkele minuten en voeg dan de mosselen toe. Doe de peterselie en de gewassen en gedroogde selderij erbij. Schenk de wijn erbij, roer goed door en laat afgedekt doorkoken tot alle mosselen geheel geopend zijn. Meteen serveren. Eventueel kunt u het kookvocht filteren en gebruiken voor de bereiding van een veloutésaus.

maroilles aop
maroilles aop

Around the year 1000, the monks in Maroilles Abbey invented this 'square' cheese with a reddish-orange washed, smooth, shiny rind, and strong, piquant flavour. Just like in the past, today Maroilles is made using cow's milk from livestock reared in the southern-most department of this region, and the northern part of Aisne (Picardie). There are three versions of Maroilles AOP (13 cm across, 6 cm thick and weighing 720 g): *Maroilles Sorbais AOP* (12 cm across, weighing 540 g), *Maroilles Mignon AOP* (11 cm across, weighing 360 g) and *Maroilles Quart AOP* (8 cm across, weighing 180 g). Its soft texture makes it ideal for tasty sandwiches and rolls or in recipes like roast with Maroilles or *goyère* (a cheese tart). It is also excellent on the cheese board, washed down with a glass of *Bière de garde*.

Omstreeks het jaar 1000 vonden de monniken van de abdij van Maroilles deze rechthoekige kaas met de oranjerode korst uit, een gewassen, gladde en glanzende kaas met een sterke en pikante smaak. Tegenwoordig wordt de Maroilles nog net als toen gemaakt van koemelk afkomstig van koeien uit de zuidelijke gedeelten van het departement van deze regio, en uit de noordelijke gebieden van Aisne (Picardië). Er zijn drie varianten op de standaard Maroilles AOP (13 cm lang, 6 cm dik, met een gewicht van 720 gr): de Maroilles Sorbais AOP *(12 cm lang, 540 gr),* Maroilles Mignon AOP *(11 cm lang, 360 gr) en* Maroilles Quart AOP *(8 cm lang, 180 gr). De zachte kaas is zeer geschikt om te gebruiken in lekkere broodjes, maar hij kan ook de hoofdrol spelen in recepten als gebraden vlees met Maroilles of de* goyère *(kaastaart). De kaas is ook heerlijk na de maaltijd met een mooi glas* Bière de garde.

quiche met maroilles quiche with maroilles

250 g shortcrust pastry, 375 g Maroilles (soft cheese),
3 eggs, 200 ml sour cream, 200 ml bière du Nord,
nutmeg, pepper

Roll out the pastry with a rolling pin and place in a round quiche tin lined with greaseproof paper. Prick all over with a fork. Remove the rind from the cheese, cut it into cubes and put it on the pastry. Beat the eggs with the cream, a pinch of pepper and a sprinkling of grated nutmeg. Pour in the beer and mix. Pour this mixture over the cheese. Bake in a preheated oven at 180 °C for 30 minutes. Serve hot with salad.

250 gr bladerdeeg, 375 gr Maroilles (zachte korstkaas), 3 eieren, 200 ml zure room, 200 ml bier uit de regio, nootmuskaat, peper

Rol het deeg uit met een deegroller en leg het in een rond, met ovenpapier bekleed bakblik. Prik met een vork gaatjes in het deeg. Snijd de korst van de kaas. Snijd de kaas in blokjes en verdeel over de pasta. Klop in een schoteltje de eieren met de room, een snuifje peper en wat geraspte nootmuskaat. Schenk het bier erbij en roer. Verdeel dit mengsel over de kaas. Bak 30 minuten in een voorverwarmde oven op 180 °C. Serveer de quiche warm met een salade.

endive
witloof

Nord-Pas-de-Calais is the world's number one producer of endive (supplying around 80% of national production and 50% globally). This salad, which belongs to the chicory family, was discovered in Belgium (which is why it is known as Belgian endive), and introduced to France at the beginning of the 20th century. There is a specific cultivation technique: the roots of the plant grow in the dark to make the leaves stay white. It has an elongated head of white leaves with a yellow tip, and a bitterish flavour which can be eliminated by cooking in water for at least 15–20 minutes. It is a versatile ingredient that can be used raw, in salad, or cooked (boiled, pan-fried, grilled), in dishes like endive au gratin. It keeps in the fridge for around a week, in a paper bag to stop the light changing the colour of the leaves.

Noord-Nauw van Calais is de voornaamste producent van witloof (ongeveer 80% van de nationale en 50% van de wereldwijde productie komt hiervandaan). Deze sla, familie van de andijvie, werd ontdekt in België (vandaar de naam Brussels lof) en geïntroduceerd in Frankrijk aan het begin van de negentiende eeuw. De teelt is opmerkelijk: de wortels van het witloof groeien in het donker zodat de bladen mooi wit blijven. De krop heeft een langgerekte vorm, is wit van kleur met gele uiteinden aan de bladen en de smaak is een beetje bitter (de bittere smaak verdwijnt na 15-20 koken in water). In de keuken is witloof een veelzijdig ingrediënt, geschikt om rauw te gebruiken in salades, maar ook gekookt (in water, geroosterd, gegrild) of gegratineerd. Het witloof kan ongeveer een week worden bewaard in de koelkast, in een papieren zak zodat het licht de bladeren niet doet verkleuren.

witloof met ham endive with ham

4 heads endive, juice of 1 lemon, 30 g butter,
30 g flour, 500 ml milk, 2 egg yolks, 90 g grated gruyère,
4 slices ham, nutmeg, salt, pepper

Clean the heads of endive. Bring a pan of salted water to the boil with the lemon juice, put in the endive and cook for a few minutes. Drain and squeeze in a clean tea towel to remove the excess liquid. Heat the milk with a pinch of salt and some grated nutmeg. Melt the butter in a pan, add the flour, mix and pour in the hot milk. Cook for around 15 minutes, stirring constantly. Add the egg yolks and 40 g of gruyère. Wrap the heads of endive in the ham. Butter a casserole dish, put in the endive and cover with the béchamel sauce and remaining gruyère. Brown in the oven at 180 °C for 30 minutes.

4 stronkjes witloof, sap van 1 citroen, 30 gr boter, 30 gr bloem, 1/2 l melk, 2 eierdooiers, 90 gr gerapste gruyère, 4 plakjes gekookte ham, nootmuskaat, zout, peper

Maak het witloof schoon. Breng in een pan water met zout en het citroensap aan de kook, en laat het witloof enkele minuten koken. Laat het witloof nadien uitlekken op een theedoek. Verwarm de melk met een snuifje zout en gerapste nootmuskaat. Smelt de boter in een pan. Voeg de bloem toe, roer en schenk de warme melk erbij. Laat al roerend 15 minuutjes doorkoken. Meng de eierdooiers met 40 gr gruyère. Wikkel het witloof in de ham. Vet een blik in, leg er het witloof in met de bechamelsaus en de overgebleven gruyère. Gratineer 30 minuten op 180 °C in de oven.

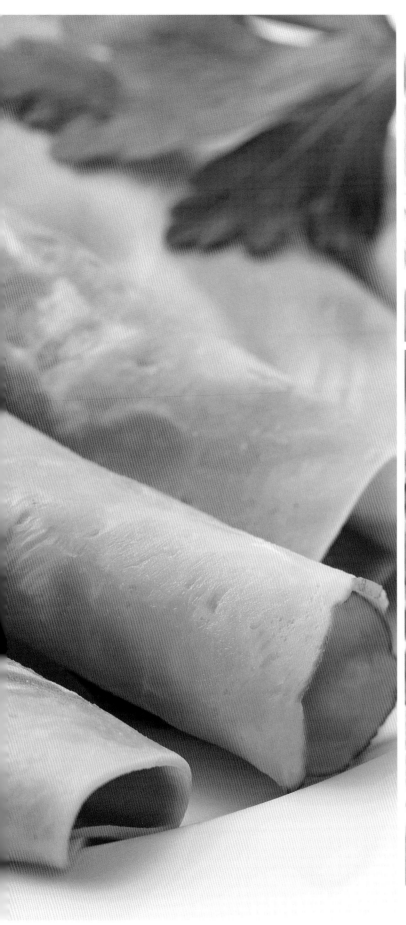

bière de garde
bière de garde

This is a 'keeping' beer that belongs to the ale family, originally produced in the farms/breweries of the Lille area, with a marked Flemish influence due to the vicinity of Western Flanders. Indeed, in common with Belgian beers, *Bière de Garde* has complex malted notes, spice and fruit. It is produced in spring and winter months and cellared in corked 75cl bottles until the summer. This is mainly an artisanal beer, though there are some large, fairly well-known breweries which mass produce it for export. It makes an ideal accompaniment to regional cheeses and is used as an ingredient in rabbit in beer, carbonade and beer cake.

Dit bier uit de familie van de oude ales werd oorspronkelijk gebrouwen in de bierbrouwerijen rondom Lille, met bijgevolg duidelijke West-Vlaamse invloeden. Het Bière de Garde *deelt met de naburige Belgische bieren de complexe noten van mout, specerijen en fruit. Het bier wordt gebrouwen in de winter en de lente en in kelders bewaard tot het zomerseizoen, in flessen van 75 cl met kurkdop. Dit is een voornamelijk artisanaal bier, maar er zijn ook enkele grote en bekende brouwerijen die het bier massaal produceren voor de export. Bière de Garde is ideaal bij lokale kazen en het wordt gebruikt als ingrediënt in recepten zoals konijn met bier, carbonade, biertaart…*

nord-pas-de-calais

stoofkarbonade flemish beef stew

1.5 kg veal, 1 l lager or ale, 60 ml vinegar, 60 g flour, 60 g demerara sugar, 6 onions, 2 bay leaves, 4 sprigs dried thyme, 3 cloves, 8 slices pain d'épices, 20 g butter, salt, pepper

Cut the meat into large chunks. Peel the onions and slice into rounds. Melt the butter in a pan and brown the meat. Add the flour and onions, mix and cook for 5 minutes. Add the vinegar and let it evaporate. Pour in the beer and 500 ml water. Add the sugar, thyme, bay leaves, cloves and 5 slices pain d'épices, cut into cubes. Bring to the boil and cover, reduce the heat and simmer until the liquid reduces to half the original quantity. Toast the remaining slices of pain d'épices and cut into cubes. Serve the carbonade with the slices of toasted pain d'épices and steamed potatoes.

1,5 kg kalfsvlees, 1 l bier (blond of amberkleurig), 60 ml azijn, 60 gr bloem, 60 gr rietsuiker, 6 uien, 2 blaadjes laurier, 4 takjes gedroogde tijm, 3 kruidnagels, 8 plakjes kruidkoek, 20 gr boter, zout, peper

Snijd het vlees in flinke stukken. Schil de ui en snijd in ringen. Smelt de boter in een pan en braad het vlees aan. Voeg de bloem en de uien toe. Roer en laat 5 minuten doorkoken. Schenk de azijn erbij en laat verdampen. Schenk het bier en een halve liter water erbij. Voeg suiker, tijm, laurier, kruidnagel en vijf plakjes in stukken gesneden kruidkoek toe. Breng aan de kook, dek af, zet het vuur laag en laat 2 uur en 45 minuten koken. Haal het deksel van de pan, zet het vuur hoog en laat de saus tot de helft inkoken. Rooster de overgebleven plakjes kruidkoek en snijd die in blokjes. Serveer de stoofkarbonade met de blokjes kruidkoek en gestoomde aardappels.

mimolette
mimolette

This cheese is made with full-fat, fresh, unpasteurised cow's milk in the Lille *arrondissement*. The wax-covered grey rind is dry and hard, and the soft interior, without holes, gets its characteristic orange colour from a natural colouring: *Rocou* (a carotenoid pigment extracted from the seeds of the *Rocojer* plant, an equatorial species that grows in Africa and the Amazon). The forms are round and weigh between 2.5 and 4kg. This cheese is known not only for its colour, but also its distinctive ageing process: after three weeks cheese mites are added, which 'nibble' at the cheese, letting it breathe and preventing bitterness which would ruin the flavour. The surface is constantly brushed and the cheese is turned regularly for at least two months, for the young version, and a minimum of 18–34 months for mature or extra mature.

Deze kaas uit het arrondissement van Lille en gemaakt van dagverse rauwe volle koemelk heeft een harde, droge, grijsgekleurde korst die bedekt is met was. De kaas is zacht, zonder gaten, met een karakteristieke oranje kleur die komt van de natuurlijke kleurstof Rocou (een carotenoïde afkomstig van de orleaan-boom, een tropische plant uit Afrika en het Amazone-gebied). De kaas is rond van vorm, met een gewicht dat varieert van 2,5 tot 4 kg. Niet alleen de kleur is kenmerkend voor deze kaas, maar ook de manier van rijpen: na ongeveer drie weken beginnen kaasmijten te "knabbelen" aan de kaaskorst, waardoor de kaas kan ademen en er geen bittere smaak kan ontstaan. Het oppervlak van de Mimolette wordt voortdurend schoon-geveegd en de kaas gekeerd voor een periode van minimaal 2 maanden voor een verse kaas, of maximaal 18-24 maanden voor een belegen tot oude kaas.

nord-pas-de-calais

lemon chicken kip met citroen

1 free range chicken, around 1.5 kg,
12 potatoes (Ratte di Touquet variety),
2 lemons, 4 sprigs thyme, 130 g butter, salt, pepper

Wash and dry the lemons. Cut them into quarters and use them to stuff the chicken. Season with salt and pepper. With the help of a spatula spread the softened butter over the chicken. Season with salt and pepper on top. Put the chicken into a baking tray, placing the washed, dried, peeled, chopped potatoes around it. Add the thyme and a glass of water. Cover and cook at 180 °C for 75 minutes.

1 scharrelkip van ongeveer 1 1/2 kg, 12 aardappels (variëteit Ratte di Touquet), 2 citroenen, 4 takjes tijm, 130 gr boter, zout, peper

Was en droog de citroenen. Snijd ze in kwarten. Vul de kip met de stukken citroen. Voeg zout en peper toe. Smeer met een spatel de op kamertemperatuur gebrachte boter over de kip. Strooi ook zout en peper over de buitenkant. Leg de kip in een pan die geschikt is voor de oven. Verdeel de gewassen, geschilde en in stukjes gesneden aardappels rondom de kip. Voeg de tijm en een glas water toe. Dek af en bak 75 minuten in een oven op 180 °C.

lingot du nord igp beans
lingot du nord igp bonen

The Lingot du Nord bean is a small white legume, almost round in shape and flattened at the ends. The pods, harvested when the seeds are almost ripe, are laid out on racks to dry in the open air for at least seven days, then taken into a closed, dry, well-ventilated area. Lastly, after being threshed with *bogueuses* (traditional threshers that do not break the seeds), they are packaged in bags. The selected beans are sold in string bags, plastic bags, jute sacks and boxes. Unlike other varieties these distinctive, fine-textured beans are not floury, and melt in the mouth. They do not require soaking, and after cooking in water are used as an ingredient in many regional dishes and above all as an accompaniment to delicious smoked sausages.

In de valleien van de rivier de Leie wordt de Lingot du Nord verbouwd: een kleine witte boon met een bijna ronde, aan de uiteinden afgeplatte vorm. De peulen, geoogst wanneer de bonen bijna rijp zijn, worden minstens zeven dagen in de open lucht op rasters gedroogd, waarna de bonen worden overgebracht in een afgesloten, droge en geventileerde ruimte en tot slot uit de peulen gehaald met behulp van bogueuses (dorsmachines die de bonen niet beschadigen) en verpakt in zakken. Na selectie zijn de bonen te krijgen in plastic of jute zakken of in dozen. De smaak is bijzonder omdat in tegenstelling tot andere bonen de Lingot du Nord IGP niet melig is, maar een fijne en stevige korrel heeft die heel geschikt is om te koken in water, ook zonder voorweken. De Lingot du Nord is het voornaamste ingrediënt in regionale recepten, of als lekker bijgerecht bij een sappige rookworst.

waffles
wafels

The origin of these waffles, with their typical 'lattice' appearance, is lost in the mists of time, but they were certainly around in the Middle Ages, as there are records of little 'cakes' served with cheese and honey, known as *gaufres*, from the old French for 'honeycomb'. Gaufres are made in France, Belgium and Germany, but in different ways. The French version involves making a batter of flour, butter, milk, ale or sparkling water, icing sugar, eggs and salt. Now cooked in a specially designed *gaufrier*, in the past two cast iron griddles were used. The resulting waffles are crunchy on the outside and soft on the inside. They can be prepared a few hours in advance and then reheated in the oven before being served with different sauces, fruit, cream or just a sprinkling of icing sugar.

De oorsprong van deze wafels met het typische ruit-jespatroon is in de loop der tijd verloren gegaan. Zeker is wel dat er sinds de middeleeuwen melding wordt gemaakt van kleine "taartjes" met kaas en ho-ning die gaufre werden genoemd, naar het Oudfranse woord voor "honingraat". Frankrijk deelt het ouder-schap met België en Duitsland, ondanks de grote ver-schillen in bereiding. Het beslag van bloem, boter, melk, licht bier of bruisend water, poedersuiker, ei en zout wordt gebakken in een wafelijzer of gaufrier, ooit van twee stukken gloeiend heet gietijzer. De wafels zijn krokant van buiten en zacht van binnen. Ze kun-nen ook enkele uren van tevoren worden gebakken en daarna in de oven opgewarmd, om ze dan te ser-veren met crème fraîche, fruit, slagroom, of simpel-weg bestrooid met poedersuiker.

picardie

Gothic cathedrals, green fields of arable crops, picturesque villages like Gerbera and seaside resorts like Mers-les-Bains all characterise the scenic region of Picardie. Like the neighbouring region of Nord-Pas-de-Calais, Picardie is also home to the renowned Maroilles cheese. A trip here is an opportunity to sample numerous specialities like the local version of *crêpes*, with ham and mushrooms (*ficelle picarde*), delicious quiches (*tarte flamiche*) and sweets like macaron d'Amiens, almond macaroons. One of the most famous culinary classics of the region is *crème Chantilly*, which was created by François Vatel in the 17th century, in the city of the same name in the Oise department. The town of Noyon also deserves a mention, as the French capital of soft fruit, with its characteristic annual fair.

Picardië is bekend om haar gotische kathedralen (met name die van Amiens), haar groene graanvelden, betoverende dorpjes als Gerberoy en badplaatsen als Mers-les-Bains; de fascinerende regio deelt met het naburige Noord-Nauw van Calais de belangrijke Maroilles-kaas. Tijdens een reis door Picardië is het de moeite waard om de talrijke streekgerechten eens te proberen, zoals de plaatselijke versie van de crêpe *met ham en paddenstoelen (*ficelle picarde *genaamd), de heer-*lijke hartige tarte flamiche *en zoetigheden als de* macaron d'Amiens, koekjes op basis van amandelspijs. Het beroemdste recept uit Picardië is echter ongetwijfeld dat voor crème chantilly, de slagroom die oorspronkelijk uit de gelijknamige stad in het departement Oise kwam en werd uitgevonden in de zeventiende eeuw door François Vatel. Een eervolle vermelding is er ook voor Noyon, de Franse hoofdstad voor rode vruchten met elk jaar in juli een karakteristieke markt.

pré-salé lamb aoc
pré-salé lam aoc

These free-range lambs eat grass and flowers, like samphire and sea asters, rich in salt and iodine, that grow in the meadows by the sea in the towns of Lanchères, Cayeux, Pendé, Saint-Valéry-sur-Somme, Boismont, Noyelles-sur-Mer, Ponthoile, Favières, Le Crotoy and Saint-Quentin-en-Tourmont. This diet gives the meat a distinctive flavour, much appreciated by fans of the *Agneau de pré salé AOC*. These animals, Boulogne and Suffolk sheep, are reared traditionally: the lambs stay inside only in the winter months (from 1 December to 15 March), while the rest of the year the shepherds take them to pastureland by the bays of the Somme and Authie rivers. These areas can only be reached by taking the paths that have been rebuilt along the dykes. Agneau de pré salé meat is sold under the name *Estran*, from June to January by the best butchers, or *à la carte* in traditional restaurants.

Dit weidelam graast op gras en planten als zeekraal en zulte die groeien op de weides aan de kust in de gemeenten Lanchères, Cayeux, Pendé, Saint-Valéry-sur-Somme, Boismont, Noyelles-sur-Mer, Ponthoile, Favières, Le Crotoy en Saint-Quentin-en-Tourmont. De planten hier zijn rijk aan zout en jodium waardoor het vlees een bijzondere smaak krijgt die liefhebbers van het Agneau de pré salé AOC *zeer prijzen. Het fokken van deze dieren van de schapenrassen* Boulogne *en* Suffolk *gebeurt nog steeds op traditionele wijze: de lammeren zijn op stal gedurende de wintermaanden (van december tot 15 maart), terwijl ze in de resterende maanden onder begeleiding van schaapherders grazen op de weides die zich beneden bij de Baai van de Somme en de Authie bevinden, alleen bereikbaar te voet over de dijk. Het vlees van het Agneau de pré salé is in de winkel te vinden onder het merk* Estran, *van juni tot januari in de betere slagerijen of* à la carte *in traditionele restaurants.*

macarons from amiens
macarons uit amiens

This delicious speciality is thought to date back to the 16th century, thanks to Catherine de' Medici. Over the years it has become extremely popular thanks to the *Maison Trogneux* confectioners in the square by Amiens Cathedral. In 1992 it also received a Grand Prix for best French regional speciality (deservedly so, in view of its popularity not only in Picardie but throughout the country). This is not a traditional meringue-based *macaron*, but a biscuit made of almonds, sugar, honey, egg white, sweet almond oil and bitter almond essence that delights young and old alike and is perfect for both afternoon tea with friends or served with puddings.

Deze heerlijke specialiteit werd geboren in de zestiende eeuw met dank aan Catharina de' Medici. In de loop der jaren zijn de koekjes zeer populair geworden door Maison Trogneux, *een patisserie aan het plein van de kathedraal van Amiens. Ook de erkenning (welverdiend, gezien het succes niet alleen in Picardië, maar in heel Frankrijk) verkregen in 1992 in de vorm van de Grote Prijs Regionale Specialiteiten van Frankrijk aan de Internationale Vakbeurs voor Patisserie heeft aan de populariteit bijgedragen. Dit is niet de traditionele kleine* macaron *gemaakt van meringue, maar een koekje gemaakt met amandelen, suiker, honing, eiwit, zoete amandelolie en essentiële olie van bittere amandelen. Macarons worden gesmaakt door groot en klein en zijn heel geschikt zowel voor bij de thee als na de maaltijd bij een dessert.*

hartige preitaart uit picardië picardie leek tart

250 g ready-made shortcrust pastry,
750 g leeks, 2 egg yolks, 100 ml sour cream,
nutmeg, 50 g butter, salt, pepper

Clean the leeks, discard the green part and cut the white part into rounds. Blanch in boiling salted water for 5 minutes, then drain carefully. Stew them gently for 10 minutes in a pan with butter, a pinch of salt, pepper, a grating of nutmeg and a little water if necessary. Beat the egg yolks with the sour cream and add to the leeks. Roll out the shortcrust pastry with a rolling pin and place it in a round pie tin lined with greaseproof paper. Prick all over with a fork. Pour over the leek mixture and level with a spatula. Bake in a preheated oven at 180 °C for 30 minutes.

250 gr kant-en-klare bladerdeeg, 750 gr prei, 2 eierdooiers, 100 ml zure room, nootmuskaat, 50 gr boter, zout, peper

Maak de prei schoon, verwijder het groen en snijd de steel in ringen. Blancheer de prei 5 minuten in gezout kokend water en laat vervolgens 10 minuten zacht smoren in een steelpan met de boter, een snuifje zout, peper, wat geraspte nootmuskaat en eventueel wat water. Klop de eierdooiers door de zure room en voeg toe aan de prei. Rol het bladerdeeg uit met een deegroller en beleg er een ronde met bakpapier bedekte taartvorm mee. Prik met een vork gaatjes in het bladerdeeg. Schep het preimengsel in de vorm en verdeel het met een spatel. Bak de taart 30 minuten in een voorverwarmde oven op 180 °C.

soft fruit from noyon

rode vruchten uit noyon

The town of Noyon has been in soft fruit farming since the 10th century, and in the period before the First World War its crops were sent to the markets of Paris and England. Towards the end of the 19th century, a municipal ruling authorised the sale of soft fruit in the area in front of the cathedral from June to July. The tradition continues, and on the first Sunday in July the town of Noyon fills up with colourful stalls selling not only soft fruit but also related products, such as jams, blackcurrant and raspberry sauce, sweets and syrups. Dedicated to a different theme every year, the event awards a prize to the most original stall and the best composition of soft fruit. The market is a key event which is enjoyed by all the townspeople, and enlivened with the presence of clowns, magicians, acrobats, bands and more.

De gemeente Noyon houdt zich al vanaf de tiende eeuw bezig met de teelt van rode vruchten. In de periode vlak voor de Eerste Wereldoorlog was de productie bestemd voor de markten van Parijs en Groot Brittannië. Tegen het einde van de negentiende eeuw was er middels een gemeentelijke verordening besloten dat de verkoop van het rode fruit toegestaan was van juni tot juli op het plein van de Notre-Dame. Een bel kondigde de opening van de markt aan. Nu, net als toen, vult de stad Noyon zich de eerste zondag van juli met kleurige kraampjes waarop niet alleen rode vruchten zijn uitgestald, maar ook talrijke nevenproducten als jam, bosbessen- en frambozen-confituren, taarten en siropen. Een spektakel waarbij elk jaar, aan de hand van een wisselend thema, de origineelste kraam en de mooiste compositie van rode vruchten een prijs ontvangen. De markt, die zeer populair is en de hele stad in zijn ban houdt, wordt verder opgevrolijkt door clowns, goochelaars, acrobaten en muziekgroepen.

crème chantilly crème chantilly picardie

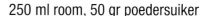

250 ml cream, 50 g icing sugar

Pour the cream into a tall, narrow container. Whisk using an electric whisk, and when it reaches the right consistency, beat in the icing sugar. High quality, very fresh cream should always be used when making crème Chantilly. It can be flavoured with vanilla extract or essence, and used for filling pastries and cakes, or just served with fruit like strawberries, peaches, fruits of the forest and so on.

250 ml room, 50 gr poedersuiker

Schenk de room in een hoge, nauwe kom en klop hem stijf met een mixer. Voeg wanneer de room de juiste dikheid heeft al kloppend de poedersuiker toe. Voor de bereiding van crème chantilly moet de room altijd zeer vers en van de hoogste kwaliteit zijn. Eventueel kan de slagroom gearomatiseerd worden door een zakje vanillesuiker of wat druppels vanille-extract toe te voegen. Crème chantilly is perfect voor het garneren van beignets en taarten of gewoon bij fruit als aardbeien, perziken, bosvruchten...

pays de la Loire

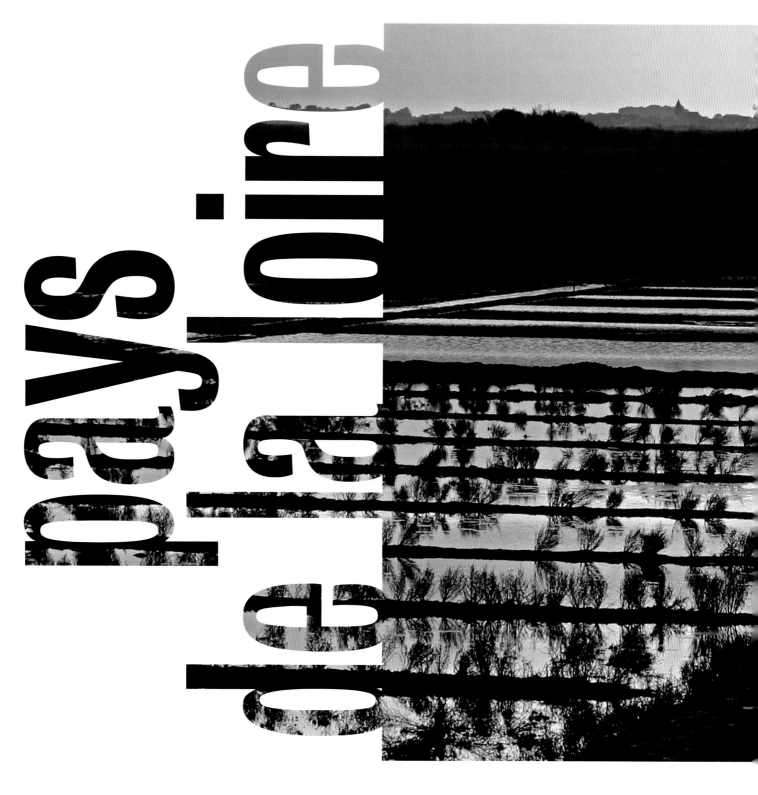

Famous throughout the world for its castles, Pays de la Loire is a region which has always attracted droves of tourists. Its various *départements* also boast a wide range of local specialities. The diverse terroirs that lie along the river Loire are home to prized wines including Muscadet (in the Nantes area). On the coast, with the famed Vendée seaside resorts, specialities include high-quality salt from the salt flats at Guérande, and the delicately flavoured Mâche Nantaise (similar to valerian). Other culinary treats include Domfront pear cider, and Boeuf du Maine, beef obtained from the Blonde d'Aquitaine, Limousine, Charolaise and Rouge des Prés breeds and crosses: livestock farms are a common sight among the Loire's fertile pastures. To end on a sweet note, what better than the plaited Brioche Vendéenne for a delicious breakfast?

P ays de la Loire, wereldberoemd vanwege haar kastelen, is een streek die al decennialang toeristen aantrekt die op zoek zijn naar emoties. Reizend langs de Loire passeert men uiteenlopende gebieden, van de terroir *die veelgeprezen wijnen als Muscadet (het gebied rond Nan-tes) produceren, tot de zoutpannen van Guérande; van de Vendée, met haar beroemde badplaatsen, tot de* terroir *van de delicate Mâche Nan-taise (een soort veldsla), allemaal producten die de veelzijdigheid van*

Pays de la Loire en haar departementen uitdrukken. Andere voorbeel-den zijn de Domfront, een drank gemaakt van gefermenteerde peren, en het vlees van de Boeuf du Maine afkomstig van de rundveerassen Blonde d'Aquitaine, Limousine, Charolaise, Rouge des Prés en hun kruisingen, ruimschoots te bewonderen grazend op de vruchtbare heu-vels langs de Loire. Tot slot is er de Brioche Vendéenne met de karak-teristieke gevlochten vorm, die heerlijk is aan het ontbijt.

vendée-atlantique oysters
vendée-atlantique oesters

The fishing villages near Nantes, where the Loire river meets the cold waters of the Atlantic, are the places to sample *Huîtres Vendée-Atlantique* (*Fines de claires*). These are the so-called green oysters, typical of the Bay of Bourgneuf and Pornic by Beauvoir-sur-mer. They acquire their characteristic hue thanks to tiny algae (*Navicule bleue*) which reproduce in the maturing marshes, which are shallow and rich in plankton. These algae do not alter the delicate flavour of the oysters but add a greater helping of protein, numerous minerals and vitamins, including vitamin C – rarely present in the animal kingdom – and trace elements like iron, iodine and copper. Appreciated for their ease of digestion and low calorie content, they are exquisite sampled *au naturel* and washed down with a glass of Muscadet.

In de vissersdorpjes in de buurt van de stad Nantes, daar waar de Loire uitmondt in de koude wateren van de oceaan, kan men de Huîtres Vendée-Atlantique (Fines de cairese) *vinden: de zogenaamd groene oesters die kenmerkend zijn voor de Baai van Bourgneuf van Pornic tot aan Beauvoir-sur-mer. De oesters krijgen deze kleur door de aanwezigheid van een kleine algensoort (*Navicule bleue*) die zich voortplant in de ondiepe en voedingsrijke oesterbedden. Deze alge verandert de delicate smaak van de oester niet, maar verrijkt hem wel met proteïnen, allerhande mineralen en vitamines als vitamine C (die in de dierenwereld maar zelden voorkomt), ijzer, jodium en koper. De oesters zijn zeer gewaardeerd omdat ze licht en caloriearm zijn en heerlijk smaken au naturel,* weggespoeld met een mooi glas Muscadet.*

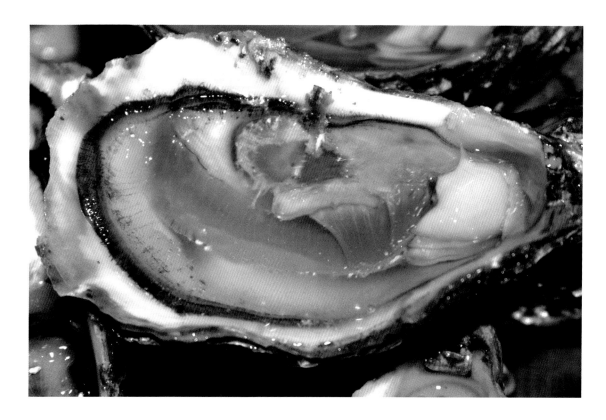

muscadet aoc
muscadet aoc

A light, dry white wine produced in the southern-most area of the Loire Valley and on the Atlantic coast, Muscadet AOC takes its name from the white grape variety Melon de Bourgogne, known locally as Muscadet. In the 1970s and 1980s producers began to add complexity to their finest Muscadets by making them age on the lees (*sur lie*) in the vat, giving these wines precious yeasty notes and added sparkle. Both varieties are currently produced, though the *sur lie* version – as shown on the label – is more common. There are three designations of Muscadet: *Muscadet Coteaux de la Loire*, produced in the eastern part of Pays Nantais, in the vineyards around Ancenis; *Muscadet Sèvre-et-Maine*, the finest quality, from the area where the two rivers flow, and from which it takes its name (south and east of Nantes); and *Muscadet Côtes de Grand-Lieu*, a recent designation of origin used for wines made around Lac de Grand-Lieu. This is a wine that makes a wonderful accompaniment to seafood.

De droge witte wijn Muscadet AOC is afkomstig uit het laagste gebied van de Loirevallei en de Atlantische kust. De wijn dankt zijn naam aan de witte druivensoort Melon de Bourgogne, die plaatselijk Muscadet wordt genoemd. In de jaren '70 en '80 van de twintigste eeuw begonnen de wijnmakers de Muscadet complexer van smaak te maken door de druif te laten rijpen op de droesem (sur lie) in het vat, wat een uitgesproken gistig aroma en een licht bruisend effect produceert. Tegenwoordig zijn beide wijnen te vinden, ook al is de Muscadet "sur lie", zoals het ook wordt aangeduid op het etiket, de meest frequente. Er bestaan drie aanduidingen voor Muscadet: Muscadet Coteaux de la Loire die gemaakt wordt in het oosten van het Pays Nantais in de wijngaarden rondom Ancenis; Muscadet Sèvre-et-Maine, die kwalitatief het beste is en die uit het gebied komt van de twee rivieren waarnaar de naam verwijst (ten zuiden en ten oosten van Nantes); en Muscadet Côtes de Grand-Lieu, een recente oorsprongsaanduiding voor wijnen afkomstig van rond Lac de Grand-Lieu. Deze wijn is perfect bij mosselen en andere zeevruchten.

maine-anjou aop beef
maine-anjou aop rundvlees

The Maine-Anjou breed of cattle, officially recognised in 1908 and given the name of *Rouge des Prés* in 2003, originated in the Massif Armoricain. The meat comes only from castrated bulls over 30 months old and cows at least 10 years old and with at least one birth behind them. Before butchering, the cattle must comply with rigid production standards that require pasture for at least eight months, a diet of fresh grass, hay, energy and protein supplements for around two months, and, interestingly, must not be subjected to stress. The Pays de la Loire shares production with other areas of Brittany, Poitou-Charentes and Lower Normandy. The meat is red with marbling, much appreciated because it is tender both to cut and eat. It can be eaten raw, as a carpaccio, or barbecued or grilled with the addition of a pinch of salt and a drizzle of oil.

De Maine-Anjou, officieel erkend in 1908 en sinds 2003 bekend onder de naam Rouge des Prés, is een typisch koeienras van het Armoricaans massief. Het rundvlees is in de regel afkomstig van gecastreerde stieren die ouder zijn dan 30 maanden en van koeien van minstens 10 jaar die een dracht achter de rug hebben. Voor het slachten ondergaat het vee een strikt regime van acht maanden grazen, twee maanden voederen met vers gras, hooi en energie- en proteïnesupplementen, en, opmerkelijk genoeg, een expliciet verbod op stress. De regio Pays de la Loire deelt de productie met andere gebieden in Bretagne, Poitou-Charentes en Laag-Normandië. Het vlees heeft een rode kleur met een intramusculair aderpatroon dat zeer gewaardeerd wordt vanwege zijn malsheid, zowel bij het snijden als in de mond. Vanwege deze eigenschappen kan het heel goed rauw worden gegeten in carpaccios, geroosterd of gegrild met een snuifje zout en een scheutje olijfolie.

quart de chaume aoc
quart de chaume aoc

For some connoisseurs second only to Sauternes, *Quart de Chaume AOC* is a sweet fortified wine which is produced in a small area in the vicinity of Rochefort-sur-Loire, near Angers, in the Maine-et-Loire department. Apart from the human skill involved, the clay soil and climate, with the favourable influence of the Loire, represent the ideal area for *chenin blanc*, the variety used to make this prized wine. Quart de Chaume presents a characteristic bouquet of quince, pear and honey, with enough acidity to perfectly balance the sweetness, enhanced by the complex bouquet and palate notes lent by *Botrytis cinerea*. This is a wine well suited to ageing, even for up to 20 years. Interestingly, this *Appelation d'Origine Contrôlée* can be followed with the geographic indication *Val de Loire*.

Volgens kenners moet de witte likeurwijn Quart de Chaume AOC *enkel in de Sauternes zijn meerdere erkennen. De wijn wordt gemaakt in een zeer klein gebied, in de gemeente Rochefort-sur-Loire bij Angers in het departement Maine-et-Loire. Naast de mensenhand zijn de kleigrond en het klimaat (beïnvloed in positieve zin door de Loire) de twee belangrijke factoren van deze terroir die een gunstige invloed hebben op de groei van de* Chenin blanc*-druif waarvan deze gewaardeerde wijn wordt gemaakt. De Quart de Chaume heeft karakteristieke aroma's van kweepeer, peer en honing, met een zuurgraad die perfect in balans is met de zoetheid en de geur- en smaakcomplexiteit afkomstig van de* Botrytis cinerea. *De wijn is zeer geschikt om opgelegd te worden, zelfs voor periodes tot 20 jaar. Een interessant detail van deze* Appelation d'Origine Contrôlée *is dat deze indicatie gevolgd kan worden door de geografische oorsprongsaanduiding* Val de Loire.

brioche from the vendée igp
brioche uit de vendée igp

Originally a typical Easter sweet (*brioche pacaude*) or wedding cake, the *Brioche Vendéenne IGP*, which can be a plaited, round, oval or elongated shape, belongs to the Vendée department and surrounding area. Golden in colour, and yellow and spongy due to the yeast, the flavour reflects the ingredients: flour, eggs, butter, sugar, yeast, alcohol, vanilla and orange flower. Perfect for breakfast or afternoon tea, served on its own or with confectioner's cream, butter, jam or, for those with a sweet tooth, chocolate, this delicious brioche is characterised by its special texture, due to the lengthy rising time (known as *pousse*). Still made on an artisanal level in the Vendée, in the rest of the country it is industrially produced.

Brioche Vendéenne IGP *werd geboren als traditioneel paasgebak (*brioche pacaude*) of bruidstaart, met een gevlochten, ronde, ovale of uitgestrekte vorm, oorspronkelijk afkomstig uit het departement van de Vendée en de daaromheen liggende gebieden. Het gebak heeft een goudgele kleur, is geel van binnen met kleine gaatjes ten gevolge van de gisting en het heeft de typische smaak van de traditionele combinatie van de ingrediënten bloem, ei, boter, suiker, gist, alcohol en aroma's als vanille en sinaasappel. Het deeg is opvallend stevig omdat het bijzonder lang heeft kunnen rijzen (*pousse* genaamd). De brioche kan gegeten worden bij het ontbijt, als tussendoortje, met crème fraîche, gewoon naturel of met boter, jam of zelfs met chocolade voor wie van extra zoet houdt. De traditionele productie is nog steeds verbonden aan de Vendée, terwijl de grootschalige, industriële productie in heel Frankrijk plaatsvindt.*

pays de la loire
roast chicken geroosterde kip

1 free range chicken around 1 kg, 300 g,
Provence herbs (thyme, rosemary, marjoram, oregano, basil, savory),
30 g butter, salt, pepper

Prepare the barbecue with wood or charcoal (or you can use the oven, at 240 °C for 75 minutes). Place the chicken in an aluminium roasting tin. Spread it with softened butter and put the herbs both inside and around it. Season with salt and pepper. When the barbecue is ready put the tin on the grill. Cover with the cover of the barbecue. Cook for around 50 minutes and serve with vegetables.

1 scharrelkip van ongeveer 1,3 kg, Provençaalse kruiden (tijm, rozemarijn, marjolein, oregano, basilicum, bonenkruid), 30 gr boter, zout, peper

Bereid de barbecue voor met hout of houtskool (of gebruik de oven, 75 minuten op 240 °C). Leg de kip in een aluminium bakblik. Smeer in met op kamertemperatuur gebrachte boter en breng op smaak, zowel van binnen als van buiten, met de Provençaalse kruiden. Voeg zout en peper toe. Zet het blik op de grill. Bedek met de deksel van de barbecue. Laat ongeveer 50 minuten koken. Serveer de kip met groentjes.

guérande salt
zout uit guérande

The small medieval town of Guérande (*Gwenrann*, 'white village' in Breton) has been known since antiquity for its salt flats, and the extraction of this 'nectar of the seas'. Not only the town but the entire peninsula it lies on is the heart of the salt extraction industry. No less than 2,000 hectares of land in nine municipalities, with five salt flats dating from the Carolingian period, yield this renowned light grey salt. The colour is due to the clay where the crystallisation takes place, which not only characterises its appearance but also lends it a high mineral content. At the same time, due to its low sodium content Guérande salt is less salty than other varieties, and bears the scent of violets from the warm winds that blow over the town. The salt harvest depends on a number of factors: the wind and sun on the sea, channelled into the salt flats, and the toil of the *paludiers* (salt workers). An occupation which dates back to the 9th century, every summer the workers still gather the coarse sea salt and the finer *fleur de sel*.

*Het kleine middeleeuwse plaatsje Guérande (*Gwen-rann *in het Bretons, wat "wit land" betekent) staat sinds de oudheid bekend om zijn zoutpannen, de bron van de "nectar van de zee". Niet alleen deze plaats maar het hele schiereiland waar het deel van uitmaakt, is het hart van de zoutwinning, met wel 2.000 hectare verdeeld over 9 gemeenten, waarvan 5 zoutpannen die dateren uit de Karolingische periode het gerenommeerde grijze zeezout produceren. De bijzondere kleur wordt veroorzaakt door de klei waarin het kristallisatieproces van het zout zich afspeelt. Behalve de speciale kleur krijgt het zout hierdoor ook een hoger mineraalgehalte. Tegelijkertijd smaakt het zout uit Guérande minder zout omdat het sodiumgehalte lager is. De geur ervan doet denken aan viooltjes en is afkomstig van de wind die over het land waait. De manier waarop het zout wordt gewonnen is een samenloop van factoren: het effect van wind en zon op het zeewater dat in de zoutpannen is geleid en de arbeid van de *paludiers *(zoutmakers) die teruggaat tot in de negende eeuw. Ook tegenwoordig wint men in de zomer zowel het grove als het fijne zeezout.*

wines of the anjou-saumur area aoc
wijnen uit het anjou-saumur-gebied aoc

The Anjou and Saumur areas south of Angers in the Loire valley produce a full range of wines, from rosé to white, from sparkling to sweet. The most common grape is the *chenin blanc*, locally known as *pineau de la Loire*, which produces easy-drinking wines with pleasant mineral tones and complex aromas. The best known are probably the dry whites, known as Savennières, like those produced in Coulée de Serrant and La Roche-aux-Moines, and the sweet wines much loved by connoisseurs all over the world, such as Quarts de Chaume, Bonnezeaux, Coteaux de Layon and Coteaux de l'Aubance. The main wine produced in this area is, however, Rosé d'Anjou, a simple, sweetish wine. Interesting reds are obtained from cabernet franc, cabernet sauvignon and gamay, singly or in assemblages. The sparkling wines should also not be overlooked, particularly those from the Saumur area, made using the classic method, under the appellations Saumur and Crémant de Loire.

In de Loirevallei, ten zuiden van Angers, liggen de Anjou en de Saumur, twee gebieden waar de wijn-productie alle verschillende stijlen omvat, van rosé tot wit, van bruisend tot zoet. De wijdverbreidste drui-vensoort is de chenin blanc, *plaatselijk bekend als de* pineau de la Loire. *Van deze soort komen wijnen met een aangenaam mineraal karakter die fris wegdrin-ken en complexe aroma's hebben. De bekendste wij-nen zijn waarschijnlijk de droge witte wijnen met de naam Savennières, zoals die uit Coulée de Serrant en La Roche-aux-Moines. Ook de zoete wijn heeft we-reldwijd bewonderaars, zoals Quarts de Chaume, Bonnezeaux, Coteaux de Layon en Coteaux de l'Au-bance. De meest voorkomende wijn uit deze regio is echter Rosé d'Anjou, een eenvoudige en enigszins zoete wijn. Er komen ook interessante rode wijnen uit deze gebieden, van cabernet franc-, cabernet sau-vignon- en gamay-druiven, op zichzelf of gemengd. Men mag ook de bruisende wijnen niet vergeten, vooral niet die uit het gebied van Saumur, gemaakt naar traditionele methoden en met de namen Sau-mur en Crémant de Loire.*

île de france

eaving a Parisian bakery with a crusty baguette under one arm, savouring a glass of pastis on the tracks of Maigret in a bistrot near Quai des Orfèvres, or exploring the rest of the region, sampling cheeses like Brie de Meaux and Coulommiers or the wonderful Meaux mustard… Ile-de-France is all of this and much more. And while Paris is obviously the key destination for any tourist, the other departments (eight in all) have a great range of high quality products and dishes to offer the curious foodie: produce like Argenteuil asparagus and Montmorency cherries; freshwater fish dishes like *friture de goujons de la Marne*; and pastries like Paris-Brest and the delicious Niflette. Ile-de-France is also home to a classic liqueur: Grand Marnier, which was invented in Neauphle-le-Château at the end of the 19th century. With its tempting orange aroma, it makes the perfect ingredient for aperitifs and cocktails.

Met een krokant stokbrood onder de arm een Parijse bakkerij verlaten, pastis drinken, in de voetsporen van Maigret bistro's bezoeken aan de Quai des Orfèvres, op avontuur gaan in andere gedeelten van de regio en kazen als Brie de Meaux of Coulommiers ontdekken, die goed sma-ken met de mosterd uit Meaux…: het Île-de-France is dit alles en meer. Parijs is natuurlijk een verplicht nummer voor elke toerist, maar de an-dere departementen (8 in totaal) bieden de nieuwsgierige gourmet ook een hele reeks producten en recepten van hoog niveau. Denk bijvoor-beeld aan de asperges uit Argenteuil of Montmorency kersen, gerech-ten met zoetwatervis als friture de goujons de la Marne of desserts als Paris-Brest of de heerlijke Niflette. Een van de klassieke Franse likeuren komt ook uit Île-de-France: Grand Marnier, geboren aan het einde van de negentiende eeuw in Neauphle-le-Château. Met het aangename aroma van sinaasappels is het ideaal als aperitief en als cocktail.

baguette
stokbrood

The image that immediately comes to mind when you think about this particular kind of bread has to be that of a Frenchman leaving a *boulangerie* with a baguette tucked under his arm, wrapped only in a tiny scrap of paper. The baguette is the only kind of bread in the world made in this long shape, which is maybe why it attracts so much attention from foreign visitors. The crusty loaves can be up to a metre long (averaging 50–70 cm), 5–6 cm wide and weigh around 240–340 g. The form originated in about 1830 when Viennese bread was introduced into France, gradually becoming one of the quintessential symbols of Frenchness over the years, and very popular at lunch, in a shorter format, used for *jambon beurre* (or *sandwich parisien*). For around 15 years now Paris has held the Grand Prix de la Baguette: the eventual winner has to present a baguette 50–70 cm long weighing 240–330 g and the jury evaluates not only the appearance but also the flavour, cooking, crumb and aroma. The prize is to supply bread to the Élysée Palace for a year.

Dit type brood zal bij vrijwel iedereen associaties oproepen met het stereotype beeld van de Fransman die de boulangerie verlaat met onder de arm een stokbrood gewikkeld in een piepklein stukje papier. Het stokbrood is het enige brood ter wereld dat deze langgerekte vorm heeft, wat waarschijnlijk de reden is waarom het zoveel interesse opwekt bij buitenlanders. Het brood met de krokante korst kan wel een meter lang zijn (gemiddeld is het tussen de 50 en 70 cm), met een dikte van 5-6 cm en een gewicht tussen de 240 en 340 gram. De oorsprong van het brood is vastgesteld op omstreeks 1830, de introductie in Frankrijk van het Weens brood. In de decennia die volgden werd het brood het symbool van alle Fransen, vooral waar het bij de lunch in verkorte versie wordt omgetoverd in broodjes jambon beurre (of sandwich parisien). Sinds ongeveer vijftien jaar houdt men in Parijs de Grand Prix de la Baguette: deelnemers moeten een baguette met een lengte van 50-70 cm en een gewicht van 240-330 gram presenteren, waarvan niet alleen de smaak, maar ook de geur, het deeg en de manier van bakken beoordeeld worden door een jury. De hoofdprijs is een jaar lang brood mogen leveren aan het Élysée.

île-de-france

argenteuil asparagus
asperges uit argenteuil

Around 25 cm long and 3 cm in diameter, this unusual asparagus is pinky-white in colour. It takes its name from the town of Argenteuil where it was once cultivated, before the invasion of urbanisation. In this town on the banks of the Seine, all that remains is one street (*Rue d'Asperge*) commemorating this ancient tradition. Fields of *Asperge d'Argenteuil* can now be found in Vexin and on the banks of the Oise. After a careful selection of varietals the white Asparge Argenteuil was promoted once more, and now is even preferred to the green variety in some dishes. Boiled, with the thick skin removed from the stalk, it can be eaten as a cold starter dipped in a simple vinaigrette to bring out the flavour, with scrambled eggs (*œufs brouillés Argenteuil*), or in a delicious soup (*potage Argenteuil*).

Deze asperge heeft een ongewone roze-witte kleur, met een lengte van 25 cm en een doorsnee van 3 cm. De naam komt van de stad Argenteuil, waar de groente ooit werd verbouwd in tijden waarin de ak-kers nog niet het slachtoffer waren geworden van op-rukkende verstedelijking. In deze stad aan de oevers van de Seine rest er enkel nog de naam van een straat (Rue d'Asperge) als herinnering aan deze tij-den. Tegenwoordig kan men velden met Asperge d'Argenteuil *vinden in de streek Vexin en langs de oe-vers van de Oise. Pas sinds de negentiende eeuw is de witte Asperge d'Argenteuil na een nauwkeurige selectie van de variëteiten geherwaardeerd. In som-mige gerechten geniet hij zelfs de voorkeur. De as-perges zijn lekker als koud voorgerecht, nadat ze zorgvuldig zijn geschild, gekookt en gedoopt in een eenvoudige vinaigrette die de smaak goed laat uit-komen. Andere traditionele bereidingen zijn œufs brouillés Argenteuil (roerei uit Argenteuil) of* potage Argenteuil *(een heerlijke traditionele aspergesoep).*

île-de-france
parijse aardappeltjes parisian potatoes

4 potatoes, 500 ml béchamel sauce,
1 clove garlic, nutmeg, butter, salt, pepper

Peel the potatoes, wash them and cut into slices around 2–3 mm thick. Butter a dish and rub it with the peeled clove of garlic. Create a layer of slightly overlapping potato slices. Season with salt and pepper. Pour over half the béchamel sauce, with a grating of nutmeg. Create a second layer in the same way. Cover the potatoes with aluminium foil. Cook in a preheated oven at 180 °C for 30 minutes, then remove the foil and cook for another 30 minutes.

4 aardappels, 500 ml bechamelsaus, 1 teentje knoflook, nootmuskaat, boter, zout, peper

Schil de aardappels, was ze en snijd ze in schijfjes van ongeveer 2-3 mm. Vet een bakblik in met boter en wrijf het in met het teentje gepelde knoflook. Beleg met een eerste laag aardappelplakjes; zorg dat de plakjes een beetje overlappen. Voeg peper en zout toe. Schenk de helft van de bechamelsaus erover en bestrooi met een beetje geraspte nootmuskaat. Verdeel op dezelfde manier een tweede laag aardappelschijfjes. Dek de aardappels af met aluminiumfolie. Bak 30 minuten in een voorverwarmde oven op 180 °C, verwijder de folie en bak nog eens 30 minuten.

coulommier
coulommier

île-de-france

Produced since the Middle Ages in the town of Coulommier (the Seine-et-Marne department) with cow's milk, this cheese is very similar to Brie, not only for its region of origin but also for its characteristics: bloomy rind, soft consistency, white centre and light yellow interior. It also resembles Camembert in terms of form and weight, and along with these two cheeses is France's top seller. When fresh it is sweet-tasting, becoming piquant when mature. It is sold in small forms with a diameter from 12.5 to 15 cm, is 2.5 to 3 cm thick and weighs between 400 and 500 g. The rind bears characteristic reddish stripes. It is used in cooking as the main ingredient of *Crème de Coulommier*, a sauce served with meat, and is also a popular filling for *canapés*. Its refined flavour can be accompanied with a variety of wines, from Beaujolais to Gamay, Chateauneuf-du-Pape or Fourchaume.

Deze kaas wordt gemaakt van koemelk en is al sinds de middeleeuwen afkomstig uit de gemeente Coulommier (departement Seine-et-Marne). De kaas heeft veel gemeen met Brie, niet alleen qua afkomst maar ook qua karakter: de korst is donzig en heeft een zachte consistentie, het hart van de kaas is geel-wit en smeuïg. Tegelijkertijd doet de kaas ook denken aan Camembert wat vorm en gewicht betreft. Deze kazen zijn de drie bestverkopende van Frankrijk. De smaak van Coulommier is zacht maar fris en de nasmaak van wat oudere kaas is pikant. Hij is verkrijgbaar in kleine verpakkingen met een doorsnee van 12,5 tot 15 cm, een dikte van 2,5 tot 3 cm, een gewicht dat schommelt tussen 400 en 500 gr en een typische korst met roodachtige strepen. De kaas is de basis voor de vleessaus Crème de Coulommier, maar hij wordt ook veel gebruikt op canapés. De geraffineerde smaak is goed te combineren met uiteenlopende wijnen: Beaujolais, Gamay, Chateauneuf-du-Pape en Fourchaume.

île-de-france
franse uiensoep onion soup

500 g onions, 1 l meat stock, 30 g flour, 1 dessert spoon sugar, 100 g grated gruyère, 1 stale baguette, 100 g butter, 4 dessert spoons oil, salt, pepper

Peel the onions and slice into thin rings. Put in a pan with oil and 50 g butter. Add the sugar and leave to cook, making sure they do not burn. When they start to become transparent, sprinkle with the sieved flour. Mix and add the stock. Cook for 30 minutes, adding more stock if necessary. Season with salt and pepper. Pour the soup into 4 ovenproof bowls. Slice the baguette and toast. Place the toasted bread on top of the soup and cover with the gruyère and remaining butter, melted. Put the bowls in a preheated oven at 200 °C until golden. Serve the onion soup piping hot.

500 gr uien, 1 l vleesbouillon, 30 gr bloem, 1 eetlepel suiker, 100 gr geraspte gruyère, 1 oudbakken stokbrood, 100 gr boter, 4 eetlepels olie, zout, peper

Schil de uien en snijd ze in dunne ringen. Doe ze in een pan met de olie en 50 gr boter. Voeg de suiker toe en let erop dat de uien niet verkleuren. Bestrooi ze met de gezeefde bloem wanneer ze eenmaal glazig beginnen te worden. Roer de bouillon en schenk die bij de uien. Kook ongeveer 30 minuten; voeg indien nodig bouillon toe. Breng op smaak met zout en peper. Schep de soep in vier soepkommen voor in de oven. Snijd het stokbrood in stukken en grill het. Leg het brood in de soep en bedek met de gruyère en de overgebleven gesmolten boter. Zet de soepkommen in de op 200 °C voorverwarmde oven tot er een goudkleurige korst is ontstaan. Serveer de uiensoep heet.

montmorency cherries
kersen uit montmorency

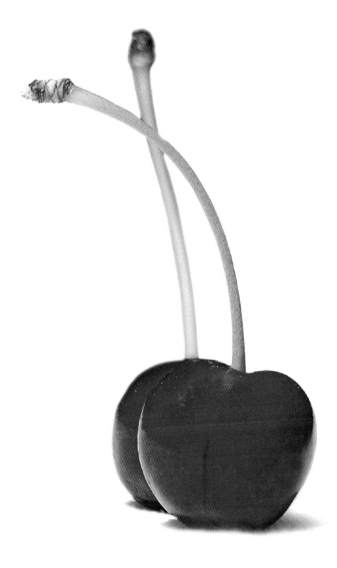

This prized fruit takes its name from the city of Montmorency, where it was once grown at the edge of the forest. It is a small, bright red cherry, with light, translucent flesh, and an acidic, almost bitter flavour, belonging to the *griotte* family (sour cherries). In the Montmorency area today, only the towns of Soisy-sous-Montmorency and Saint-Prix still cultivate it. Due to its flavour it is better eaten cooked, while as a sauce it makes an ideal accompaniment to various game dishes. It is used above all in confectionery, to make cakes, and in the preserving industry for jams, jellies and the famous cherries in spirit.

Deze heerlijke vruchten dragen de naam van de stad Montmorency omdat er in de afgelopen eeuwen langs de bosranden uitgestrekte stroken fruitboomgaarden van deze kers te vinden waren. Het is een kleine kers met een helderrode kleur, met mooi doorzichtig vruchtvlees en een lichtzure tot zure smaak, beho-rend tot de familie van de griotte *(morellen). Tegenwoordig houden in deze regio alleen nog de steden Soisy-sous-Montmorency en Saint-Prix zich bezig met de productie. Door de smaak is de kers heel ge-schikt om gekookt te worden gegeten, terwijl hij als saus een goede begeleiding is voor uiteenlopende wildgerechten. De kers wordt vooral veel gebruikt in gebak en door de conservenindustrie in confituren, gelatines en de beroemde ingemaakte kersen.*

île-de-france
koningentaart king cake

500 g puff pastry, 140 g almond flour,
100 g icing sugar, 75 g butter, 3 eggs,
1 dessert spoon rum, 1 fava bean

Mix the softened butter and the almond flour. Add the sugar, 2 eggs, one egg white and the rum. Beat the mixture with an electric whisk until it is white in colour, smooth and even. Roll out the puff pastry with a rolling pin, and create two discs. Place one disc on a baking tray covered in greaseproof paper. Dampen the edges of the pastry. Put the almond mixture in the centre, leaving a border all round. Hide the fava bean and cover with the second disc of pastry, sealing up the edges well. Make a little hole with the tip of a knife to ensure that the pastry does not puff up too much. With a fork create a diamond pattern on the top of the cake and brush with the remaining egg yolk. Bake in a preheated oven at 200 °C for 30 minutes.

500 gr bladerdeeg, 140 gr amandelbloem,
100 gr poedersuiker, 75 gr boter, 3 eieren,
1 eetlepel rum, 1 boon

Werk in een kom de amandelbloem door de op kamertemperatuur gebrachte boter. Voeg de suiker, 2 eieren, een eiwit en de rum toe. Mix met een elektrische mixer tot een wit, glad en homogeen beslag. Rol het bladerdeeg uit met een deegroller. Snijd twee cirkels uit het deeg. Leg een van de schijven in een rond, met ovenpapier bekleed bakblik. Bevochtig de randen van het deeg met wat water. Schep het amandelbeslag erin maar let erop dat er rondom een rand van het deeg vrij blijft. Verberg de boon en dek af met de tweede schijf. Sluit de randen goed af. Prik met een mes een klein gaatje in het midden zodat de taart niet teveel opzwelt. Maak met een vork een ruitpatroon in de bovenkant en bestrijk met de overgebleven eidooier. Bak 30 minuten in een voorverwarmde oven op 200 °C.

île-de-france
macarons macarons

220 g icing sugar, 120 g almond flour, 3 egg whites,
30 g granulated sugar, powdered food colouring (or flavouring),
2–3 drops lemon juice, salt

Use a blender to mix the icing sugar with the almond flour. Beat the egg whites with a pinch of salt and the lemon juice. Once in firm peaks, reduce the speed on the beater and add the granulated sugar and the tip of a teaspoon of colouring. Using a spatula, incorporate the almond flour into the egg whites. Fold in gently from the bottom to the top. Pour the mixture into a piping syringe and pipe out little discs on a baking sheet lined with greaseproof paper. Leave to rest for around an hour. Bake in a preheated (fan) oven at 150 °C for 15 minutes. Once cooked transfer the macarons onto a cold surface and leave to rest for another hour. Remove them delicately and make a slight dent in the bottom of each one. Fill as you wish with custard cream, cream and so on.

220 gr poedersuiker, 120 gr amandelbloem, 3 eiwitten, 30 gr kristalsuiker, kleurstof in poeder (of aroma's), 2-3 druppels citroen-sap, zout

Mix in een keukenmachine de poedersuiker en de amandelbloem. Klop de eiwitten schuimig met een snuifje zout en citroen. Verlaag de snelheid van de mixer wanneer het schuim stevig genoeg is en voeg de kristalsuiker en een mespuntje kleurstof toe. Spatel het amandelbloemmengsel door de geklopte eiwitten, zorgvuldig van beneden naar boven werkend. Schep het mengsel in een spuitzak en maak kleine schijfjes op een met bakpapier bedekt bakblik. Laat ongeveer een uur rusten. Bak 15 minuten in een voorverwarmde (geventileerde) oven op 150 °C. Leg de gare macarons op een koud oppervlak en laat ze nogmaals een uur rusten. Snijd ze voorzichtig los en druk bij elk schijfje licht de onderkant in. Maak de macarons naar smaak af met slagroom, banketbakkersroom, enz...

île-de-france

crêpes suzette crêpes suzette

200 g flour, 450 ml milk, 2 eggs, 100 g sugar, 100 ml Grand Marnier, 100 ml cognac, 2 oranges, 1 lemon, 150 g butter, salt

Beat the eggs with 20 g sugar, 20 g melted butter and a pinch of salt. Add the flour and, mixing continuously, dilute the mixture with the milk. Leave it to rest in the fridge for 30 minutes. Grease a non-stick pan with butter. Pour in a little batter, turning the pan so it covers the entire surface. Let the crêpe firm up and then turn it over and cook on the other side. Grate the rind of one orange and that of half a lemon. Squeeze the oranges and lemon separately and filter the juice. Put 80 g butter, the remaining sugar and the lemon juice in a pan, and when the mixture becomes transparent add the grated rinds and half of the orange juice, mixing continuously. Add the Grand Marnier. Fold the crêpes in four and push them gently into the sauce. Pour over the remaining orange juice, add the cognac and flambé.

200 gr bloem, 450 ml melk, 2 eieren, 100 gr suiker, 100 ml Grand Marnier, 100 ml cognac, 2 sinaasappels, 1 citroen, 150 gr boter, zout

Klop de eieren met 20 gr suiker, 20 gr gesmolten boter en een snuifje zout. Voeg de bloem toe en schenk er langzaam kloppend de melk bij. Laat 30 minuten rusten in de koelkast. Vet een koekenpan met anti-aanbaklaag in met boter. Schenk een beetje beslag in de pan en draai de pan rond om het beslag gelijkmatig te verdelen. Wacht tot het flensje gestold is en keer het om. Bak vervolgens de andere kant. Leg de crêpe op een bord en bak zo een hele stapel. Rasp de schil van een sinaasappel en van een halve citroen, pers de sinaasappels en de citroen apart van elkaar uit en zeef het sap. Smelt in een koekenpan 80 gr boter met de overgebleven suiker en het citroensap en voeg, wanneer het doorzichtig wordt, de geraspte schil en de helft van het sinaasappelsap toe. Blijf roeren. Voeg de Grand Marnier toe. Vouw de crêpe in vieren en dompel hem beetje bij beetje in de saus. Schenk het overgebleven sinaasappelsap erbij, voeg de cognac toe en flambeer.

le paris-brest
le paris-brest

This great classic of *pâtisserie française* was created in 1891 on the occasion of the first Paris-Brest bike race. The 1,200 km road race for professional cyclists was held every 10 years until 1951, and is now an amateur event staged every four years. The pastry chef who invented this sweet in honour of the winner gave his *éclairs* a round shape to recall a bicycle wheel (or depending on the version, a laurel wreath). The *Paris-Brest* is a choux ring filled with praline cream (two classic creams: buttercream and a custard cream with praline) and decorated with toasted almonds and icing sugar. It is fairly simple to prepare but guaranteed to impress.

Een van de grote klassiekers van de pâtisserie française *werd bedacht in 1891 ter gelegenheid van de eerste editie van de wielerwedstrijd voor profwielrenners Paris-Brest (1200 km) die tot in 1951 ononderbroken elke tien jaar werd gereden (tegenwoordig is het een amateurkoers die elke vier jaar plaatsvindt). De banketbakker die dit gebak uitvond ter ere van de wedstrijd, gaf aan zijn* éclairs *(gebakjes van kookdeeg met een langwerpige vorm) een ronde vorm (die van het wiel van een fiets, of, volgens een andere versie, de vorm van een laurierkrans). De* Paris-Brest *is een ronde cake van soezendeeg met pralinécrème (twee klassieke types, zoals die met boter of banketbakkersroom met pralines erin) en gedecoreerd met geroosterde amandelen en poedersuiker. Niet moeilijk om te maken, maar zeer indrukwekkend qua resultaat.*

champagne ardenne

This region's unmistakeable hallmark is obviously the world's most famous bubbly. The Côte des Bar in the Aube department, and Vallée de la Marne with Epernay and the Côte de Sèzanne in the Marne department, are all home to outstanding winegrowing areas and prestigious wineries. For centuries, ever since the abbot Dom Pierre Pérignon selected the most suitable vines, creating the *cuvee* system, this region has made France known all over the world. The area offers more than just Champagne, however, boasting prized cheeses (Langres and Chaource) and cured meats (Noix de Jambon Sec des Ardennes). And while the *Route du Champagne* is an opportunity to visit wineries and vineyards, also worth exploring are the region's fascinating historic cities (such as Reims and Troyes), where you can sample specialities like *joute* (the soup eaten by the vine-dressers) and *cacasse* (a potato and bacon fricassée typical of the Ardennes department). There is no lack of choice when it comes to sweets either, with pain d'épices or the vanilla-flavoured pink Reims biscuits.

De beroemdste bubbels ter wereld zijn het symbool bij uitstek voor deze gelijknamige streek: Champagne. Côte des Bar in het departement Aube, de Vallée de la Marne met Epernay en de Côte de Sèzanne in het departement Marne: allemaal grote wijnen en prestigieuze maisons die al eeuwenlang, sinds de monnik Dom Pierre Pérignon het systeem van de cuvées had bedacht, de Franse naam promoten. Maar er zijn nog vele andere opmerkelijke producten uit deze streek, zoals kaas (Langres en Chaource) en vleeswaren (Noix de Jambon Sec des Ardennes). De Route du Champagne is natuurlijk een goede gelegenheid om wijngaarden en -kelders te bezoeken, maar vergeet toch ook de vele historierijke en fascinerende steden niet die deze streek rijk is, plaatsen als Reims en Troyes. Proef hier de joute (de soep van de wijnbouwers) of de cacasse, een stoofpot uit de Ardennen gemaakt met aardappels en spek. Ook op het gebied van desserts is er keus te over, van pain d'épices tot de gearomatiseerde roze vanillebiscuits uit Reims.

champagne aoc
champagne aoc

Known throughout the world, Champagne is one of the definitive symbols of France, and takes centre stage on many different occasions. Made using the *méthode champenoise* – secondary fermentation in the bottle – Champagne is produced in the area along the Marne river, in five main *crus*: Montagne de Reims, Vallée de la Marne, Côte des Blancs, Côte de Sézanne and Côte des Bar. It is made from three grape varieties – chardonnay, pinot noir and pinot meunier – and is sold in many different types, depending on the quantity of residual sugar (Extra Brut, Brut, Extra Dry, Sec, Demi-Sec or Doux), on the grape variety (Blancs des Blancs or Blancs de Noires), and on the vintage (Millésime, vintage, or Sans Année). Fresh, clear and sparkling, with a delicate, aromatic perlage, Champagne suits all occasions, from a simple aperitif to accompanying all courses, from the most delicate starters to first courses, main courses and dessert.

De champagne is wereldberoemd, één van de grootste symbolen van Frankrijk en aanwezig bij de meest uiteenlopende gelegenheden. De wijn wordt gemaakt volgens de méthode champenoise *met gisting van de wijn in de fles; het gebied van herkomst strekt zich uit langs de Marne, onderverdeeld in vijf belangrijke* cru-*gebieden: Montagne de Reims, Vallée de la Marne, Côte des Blancs, Côte de Sézanne en Côte des Bar. Aan de basis liggen drie druivensoorten, chardonnay, pinot noir en pinot meunier, terwijl champagne in de winkel onderverdeeld is al naar gelang de hoeveelheid restsuiker (Extra Brut, Brut, Extra Dry, Sec, Demi-Sec, Doux), op basis van druivensoort (Blancs des Blancs en Blancs de Noires) of juist op basis van het jaar (Millésime, Vintage of Sans Année). Fris, helder, sprankelend, met een delicaat en geparfumeerd perlage, champagne past bij elke gelegenheid, van een eenvoudig aperitief tot bij het diner, waar het goed gedronken kan worden bij elke gang, van het meest verfijnde voorgerecht tot en met het dessert.*

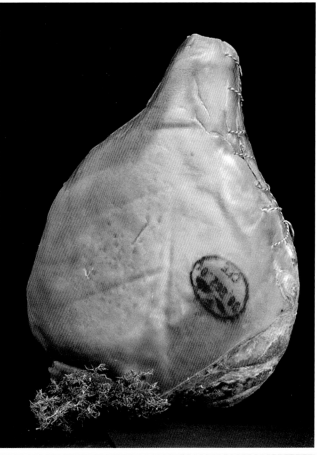

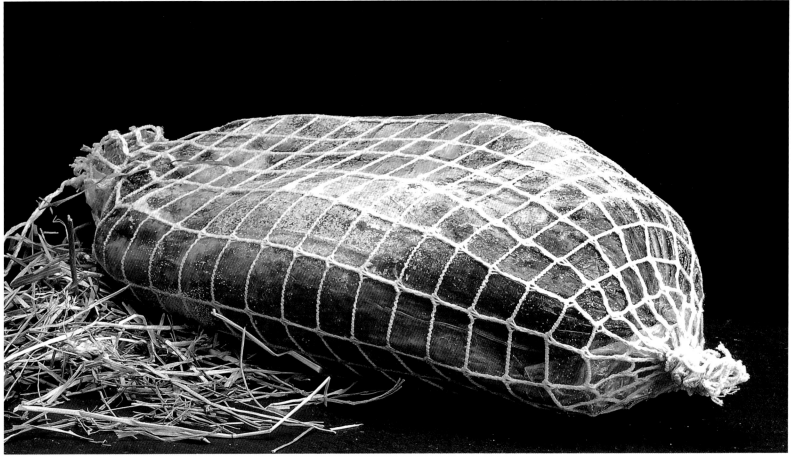

raw ham and prime raw ham from the ardennes igp

rauwe ham en nootham uit de ardennen igp

These two French cured meats, originally from the Ardennes area, are made from fresh pork thigh (from pigs raised in the same area) which are processed, hand-salted and slowly dried and cured. The first, with or without the bone, has a rounded shape, while the second has the elongated form of the muscle it is made of. Both are dry in consistency, with a savoury, smoked, spicy flavour and an intense aroma. These are versatile products that feature in many dishes, on platters of cold cuts and in canapés, sandwiches, kebabs, salads, omelette and quiches. The ham bone is used to enhance the flavour of traditional soups like *Garbure Pyrénéenne* and *soupe aux choux d'Auvergnate*. Noix de Jambon comes in three different versions: *Noix pâtissière*, *Noix* and *Sous-noix*.

Deze twee Franse vleeswaren zijn oorspronkelijk afkomstig uit de Ardennen. Ze worden gemaakt van de verse achterbout van het varken (die in dezelfde regio gehouden wordt), verwerkt en handmatig gezouten, vervolgens gedroogd en langzaam gerijpt. De eerste soort, met of zonder been, heeft een afgeronde vorm, terwijl de tweede de uitgerekte vorm heeft van de spieren waaruit het bestaat. Beide soorten hebben een droog voorkomen, met een zoute, gerookte en kruidige smaak en een intens aroma. De ham is heel veelzijdig in de keuken en kan worden gebruikt in plakjes, bijvoorbeeld op vleesschotels, canapés, broodjes en spiesjes, maar ook in salades, omeletten en hartige taarten. Het been in de ham verrijkt de smaakt van tra-ditionele soepen als Garbure Pyrénéenne *en* soupe aux choux d'Auvergnate. *De Noix is verkrijgbaar in drie versies:* Noix pàtissière, Noix en Sous-noix.

langres aop
langres aop

Produced with cow's milk, this cheese has a characteristic 'well' in the top, an indentation caused by the fact that *Langres AOP* is not turned during ageing. The deeper the hollow (5 cm), the riper the cheese: cheese connoisseurs even pour a glug of Champagne or Marc de Bourgogne into the well before eating it. The production area takes in the plains of Langres (the Côte-d'Or, Haute-Marne, Vosges departments and the regions of Burgundy, Champagne-Ardenne and Lorraine). The rind is damp and yellowy-brown in colour depending on age, while inside it is solid and elastic, and white-beige in colour. It is sold in small forms weighing 150 g (aged for at least 15 days) or in larger forms weighing a minimum of 800 g (aged for at least 3 months). Langres AOP is excellent savoured at the end of a meal with a glass of full-bodied red wine.

Deze kaas van koemelk heeft een karakteristieke ingezakte bovenkant, de "fontaine", die het gevolg is van het feit dat de kaas niet wordt omgedraaid tijdens de rijpingsperiode. Hoe dieper de deuk (5 cm), hoe rijper de kaas: kenners schenken bij het proeven zelfs wat champagne of Marc de Bourgogne in de fontaine. Het productiegebied omvat het plateau van Langres (departementen Côte-d'Or, Haute-Marne, Vogezen, de regio's Bourgogne, Champagne-Ardennen en Lotharingen) en de kaas heeft een vochtige korst die qua kleur neigt naar geel-bruin al naar gelang de rijpheid en een stevige en elastische kaasmassa met een beige-witte kleur. In de winkel is de kaas te vinden in verpakkingen van 150 gr (minstens 15 dagen oud) en in grotere verpakkingen tot aan 800 gr (minstens 3 maanden gerijpt). Lagres AOP is heerlijk na het diner met een mooie stevige rode wijn.

andouillette kebabs spiesjes met andouillette

4 andouillette, 4 dessert spoons strong mustard,
1 dessert spoon dried rosemary, 1 teaspoon paprika,
salt, pepper

Cut the andouillette into slices about one centimetre thick. Brush with the mustard and push onto the skewers. Sprinkle these with rosemary, paprika, salt and pepper. Grill over a direct source of heat, turning to make sure the kebabs cook evenly. Serve hot.

4 andouillette, 4 lepels pikante mosterd, 1 lepel gedroogde rozemarijn, 1 lepeltje paprika, zout, peper

Snijd de andouillette in plakken van ongeveer een centimeter. Smeer de plakjes in met mosterd en prik ze op de spiesjes. Besprenkel met rozemarijn, paprika, zout en peper. Rooster de spiesjes boven open vuur; let erop dat ze gelijkmatig verward worden. Warm serveren.

chaource aop
chaource aop

In the 14th century this cheese met with the favour of King Charles IV of France, known as the Fair, who sampled it during a visit to Chaource. It features a bloomy rind, covered in mould, and a soft white interior, and is made with cow's milk from the farms in the Troyes area in the Aube department (of the Champagne-Ardenne region) and in the Yonne department of Burgundy. Rennet is added to the milk, which is left to coagulate for at least 12 hours, then drained naturally, before being lightly salted. The cheese then matures for at least 15 days. *Chaource AOP* is available in large forms (11–15 cm in diameter, weighing 180 g) or small forms (8.5–9 cm, weighing 100 g). With its soft, salty, creamy consistency and fruity palate enhanced by nutty nuances, it makes a delicious aperitif, cut into cubes, or can be served on the cheese board.

Tijdens een bezoek Chaource kreeg de Franse koning Karel IV, bijgenaamd De Schone, een stuk van deze kaas te proeven, en die beviel hem zeer. De kaas heeft een donzige met schimmel bedekte korst en is zacht en wit van binnen. Hij wordt gemaakt met koemelk van koeien uit de omgeving van Troyes in het departement Aube (in de regio Champagne-Ardennen) en in Bourgogne in het departement Yonne. Aan de melk wordt stremsel toegevoegd waarna men de melk 12 uren laat stremmen en vervolgens de wei langzaam laat weglopen. Aan het eind wordt de kaas licht gezouten en laat men hem minstens 15 dagen rijpen. Chaource AOP is verkrijgbaar in grote (doorsnee 11-15 cm, gewicht 180 gr) en kleine (8,5-9 cm, 100 gr) verpakking. De fruitige smaak verkrijgt door het rijpen een aangename toets van walnoot. Hij is heerlijk uit het vuistje bij het aperitief of na het diner.

champagne-ardenne

reims biscuits roze koekjes uit reims

90 g flour, 45 g corn flour, 2 eggs, 100 g caster sugar,
1 dessert spoon vanilla sugar, 1 g baking powder,
red food coloring (liquid or powder), icing sugar

Separate the egg whites from the yolks and place the latter in a bowl with the caster sugar and vanilla sugar. Beat for 5 minutes. Add one egg white and beat for 2 minutes, then pour in the other egg white and beat for another 2 minutes. Add a little colouring and mix. Sieve the flour, corn flour and baking powder into the bowl and gently incorporate, using a spatula, until the mixture is smooth. Fill a piping syringe with the mixture and place the biscuits on a baking tray lined with greaseproof paper. Sprinkle with icing sugar. Bake in a preheated oven at 180 °C for 12 minutes. Let the biscuits cool before taking them out of the oven.

90 gr bloem, 45 gr maizena, 2 eieren, 100 gr kristalsuiker, 1 zakje vanillesuiker, 1 gr bakpoeder, rode kleurstof (vloeibaar of in poedervorm), poedersuiker

Scheid de eiwitten en de eierdooiers en doe de dooiers in een kom samen met de kristal- en de vanillesuiker. Klop de dooiers en de suiker 5 minuten. Voeg een van de eiwitten toe en klop nog eens 2 minuten. Voeg vervolgens het laatste eiwit toe en klop nogmaals 2 minuten. Roer er een beetje kleurstof door. Zeef de bloem, de maizena en de gist boven de kom en spatel alles zorgvuldig tot een glad beslag. Doe het beslag in een spuitzak en spuit de koekjes op een met bakpapier bedekte bakplaat. Bestrooi met poedersuiker. Bak de koekjes 12 minuten op 180 °C in een voorverwarmde oven. Laat de biscuits eerst afkoelen alvorens ze uit de oven te halen.

Lorraine

As well as the classic *quiche lorraine*, this region nestling between Belgium, Luxembourg and Germany is home to the legendary Commercy *madeleines* beloved of Proust. Natural areas include the Lorraine Regional Nature Park and the Vosges massif, where prized honey and a soft cheese called Munster Géromé are produced. Then there are the cities, like Nancy, and Metz, which holds an annual fair dedicated to the golden Mirabelle plum, used in many dishes and to make a popular spirit. Nancy, the historic capital of the Lorraine Duchy, is famed for its Bergamote de Nancy, a bergamot-flavoured boiled sweet. In Verdun foodies will want to sample the famous homemade sweets, while Bar-le-Duc produces a prized currant preserve. In the Meurthe-et-Moselle department wine lovers can sample the wines of the Côtes de Toul area.

Wie kent de quiche lorraine *niet*, of de *dankzij Proust vermaarde* madeleines *van Commercy*? Dit zijn slechts twee van de kenmerkende producten uit deze regio die grenst aan België, Luxemburg en Duitsland. Het gebied is rijk aan natuurschoon: van de Vogezen, waar veelgeprezen honing vandaan komt, en een zachte kaas met de naam Munster Géromé, tot het regionaal natuurpark van Lotharingen. Ook steden als Nancy en Metz oefenen een grote aantrekkingskracht uit. In Metz wordt jaarlijks een festival ter ere van de goudgele Mirabellepruim gehouden, de basis voor vele recepten en een zeer gewaardeerde sterkedrank. De naam van Nancy, de vroegere hoofdstad van het hertogdom Lotharingen, is daarentegen verbonden met de Bergamote de Nancy, een snoepje gemaakt van suiker en natuurlijk bergamotextract. In Verdun kunnen lekkerbekken de beroemde artisanaal gemaakte suikerdragees proberen, terwijl een bezoek aan Bar-le-Duc de gelegenheid bij uitstek is om de befaamde rode aalbessengelei te proeven. Voor de wijnliefhebbers zijn er de beroemde wijnen van de Côtes de Toul in het departement Meurthe-et-Moselle.

french emmental est-central igp
franse emmental est-central igp

This cheese is made using the high quality milk from Montbéliarde cows, which feed all year round on grass, hay and cereal products. Originally from the Lorraine, Rhone Alps, Franche-Comté, Champagne-Ardenne and Burgundy regions, it is a round cheese with a smooth yellow rind, almost regular holes and a colour that varies from deep to light yellow. Each form of Emmental weighs almost 70 kg, and after the curd, made exclusively using unpasteurised milk, is placed in the moulds, it ripens for at least three months. It is extremely versatile: it can be savoured sliced in a crusty baguette, grated for a delicious gratin, used in fondue or cubed as an ingredient in a tasty salad.

De Montbéliarde is een koe die het hele jaar door gevoederd wordt met gras, hooi en graanproducten, wat de perfecte kwaliteitsmelk oplevert voor het maken van Emmental Français Est-Central IGP. Deze kaas, oorspronkelijk uit de regio's Lotharingen, Rhône-Alpen, Franche-Comté, Champagne-Ardennen en Bourgogne, heeft een ronde vorm, een gladde gele korst en zeer regelmatige gaten in de kaasmassa die qua kleur van diepgeel tot lichtgeel gaat. Een Emmental weegt ongeveer 70 kg en nadat de wrongel – gemaakt met rauwe melk – in de vorm is gedaan moet de kaas minstens drie maanden rijpen. De kaas is werkelijk veelzijdig: in plakjes op een stokbrood, geraspt in een heerlijke gratin, in de kaasfondue of in blokjes in een verse salade.

quiche lorraine quiche lorraine

250 g shortcrust pastry, 200 g smoked bacon, 3 eggs, 200 ml sour cream, 250 ml milk, nutmeg, butter, salt, pepper

Roll the pastry out with a rolling pin then transfer to a round pie-dish lined with greaseproof paper. Prick all over with a fork. Dice the bacon and gently fry in a pan with a teaspoonful of butter. Beat the eggs in a bowl, add the cream, milk, a grating of nutmeg and a pinch of salt and pepper. Arrange the diced bacon on the pastry and pour the egg mixture over it. Bake in a preheated oven at 180 °C for 30 minutes.

250 gr boterdeeg, 200 gr gerookte spek, 3 eieren, 200 ml zure room, 250 ml melk, nootmuskaat, boter, zout, peper

Rol het deeg uit met een deegroller en bekleed er een rond, met bakpapier bedekt bakblik mee. Prik met een vork gaatjes in het deeg. Snijd het spek in blokjes, en bak ze in een pan met een klontje boter. Klop de eieren in een kom, voeg de room, de melk, wat geraspte nootmuskaat en een snuifje zout en peper toe. Schep de gebakken spekblokjes op het deeg en schenk het eiermengel erover. Bak 30 minuten in een voorverwarmde oven op 180 °C.

munster aop

munster aop

Also known as Munster-Géromé, this cheese was first made around 660 by the Benedictine monks who founded the monastery around which the village of Munster developed. In 1285 the inhabitants of Alsace and Lorraine founded a new town, which was first called Sancti Gerardi Mare, then Gérardmer, more familiarly known as Géromé, giving rise to the double-barrelled name Munster-Géromé. There are two forms of this cheese: *Munster AOP* (13–19 cm in diameter, 2.4–8 cm thick, weighing 450g–1.5 kg, aged for three weeks) and *Petit Munster AOP* (7–12 cm in diameter, 2–6 cm thick, weighing 120 g, aged for two weeks). The rind ranges in colour from yellow to orange or red, while the interior is soft and light yellow, with a pronounced, almost piquant and slightly acidic flavour. It is often flavoured with the addition of *Carum carvi* (caraway) and is used as a key ingredient in traditional dishes like quiche or Munster omelette.

Deze kaas, ook wel bekend als Munster-Géromé, werd geboren omstreeks 660, in een benedictijner klooster dat het middelpunt was van het dorpje dat de naam Munster overnam. In het jaar 1285 stichtten de inwoners van de Elzas en Lotharingen een nieuwe stad die eerst Sancti Gerardi Mare heette, vervolgens Gérardmer, wat uiteindelijk vereenvoudigd werd tot Géromé en waarvan de dubbele naam Munster-Géromé weer het resultaat is. De kaas komt in twee maten: Munster AOP *(doorsnee 13-19 cm, hoogte 2,4-8 cm, gewicht 450 gr-1,5 kg, 3 weken gerijpt) en de* Petit Munster AOP *(doorsnee 7-12 cm, hoogte 2-6 cm, gewicht 120 gr, 2 weken gerijpt). De korst heeft een bijzondere kleur die uiteenloopt van geel tot oranje en rood. De kaasmassa is zacht met een heldergele kleur en een uitgesproken smaak die haast pikant en een beetje zurig is. De kaas wordt vaak gearomatiseerd met* Carum carvi *(kummel of karwijzaad), vaak al tijdens de beginfase van de productie. De Munster is een basisingrediënt in traditionele gerechten als* quiche *of Munster omelet.*

lorraine

commercy madeleines madeleines uit commercy

125 g flour, 125 g granulated sugar, 125 g butter,
4 eggs, 1 dessert spoon vanilla sugar,
grated rind of 1 lemon, salt

Place the butter and granulated sugar in a bowl. Beat with a whisk and add the egg yolks one at a time, then the flour, the vanilla sugar and some lemon rind. Whisk the egg whites with a pinch of salt until stiff peaks form, and gently fold into the mixture. Pour into a madeleine tin. Bake in a preheated oven at 160 °C for 10 minutes and then at 180 °C for another 10 minutes. Serve the madeleines with tea or good quality hot chocolate.

125 gr bloem, 125 gr kristalsuiker, 125 gr boter, 4 eieren, 1 zakje vanillesuiker, geraspte citroenschil, zout

Doe de boter en de kristalsuiker in een kom. Klop met een garde en voeg één voor één de eierdooiers, de bloem, de vanillesuiker en de citroenschil toe. Klop de eiwitten schuimig met een snuifje zout en spatel ze zorgvuldig door het beslag. Schenk in een bakblik voor madeleines. Bak 10 minuten in een voorverwarmde oven op 160 °C en vervolgens 10 minuten op 180 °C. Serveer de madeleines bij de thee of met warme chocolademelk.

mirabelle plums from the lorraine igp
mirabellepruimen uit lotharingen igp

lorraine

Despite being cultivated since ancient times, at the end of the 1970s *Mirabelles de Lorraine IGP* plums ran the risk of extinction. Thanks to a group of farmers who decided to start growing them again, cultivation of these plums, derived from the Mirabelle de Nancy and Mirabelle de Metz varieties, resumed. They are grown in the Meuse, Meurthe-et-Moselle, Moselle and Vosges departments of this region. The small, rounded fruits are yellowy-orange in colour with a thin skin and delicate, fruity scent. They are harvested in August and September, but only once they reach a diameter of 22 mm. They are at perfect ripeness when the stone breaks cleanly away from the flesh of the plum, and are mostly eaten fresh due to their perishability. They can also be frozen, or used to make jams and jellies, preserved in spirit or pickled with peppercorns to accompany cured meats and cheese.

De Mirabellepruim werd al in de oudheid geteeld, maar toch liep de Mirabelle de Lorraine IGP het risico om uit te sterven tegen het einde van de jaren zeventig van de vorige eeuw. Dankzij de inspanningen van een groep fruittelers die de teelt weer nieuw leven hebben inge-blazen, heeft deze pruim een nieuwe impuls gekregen en worden er tegenwoordig twee variëteiten geteeld, Mirabelle de Nancy en Mirabelle de Metz. Ze komen in deze regio uit de departementen Meuse, Meurthe-et-Moselle, Moselle en Vogezen. De vruchten zijn klein met een ronde vorm en een kleur die neigt naar oran-jegeel. De schil is dun en de geur delicaat en fruitig. De pruimen worden geoogst tussen augustus en sep-tember, maar alleen als ze minstens 22 millimeter groot zijn. De pruim heeft het perfecte punt van rijp-heid bereikt als de pit helemaal loskomt van het vruchtvlees wanneer de pruim wordt geopend. De mi-rabelle moet bij voorkeur zo vers mogelijk worden ge-geten aangezien ze snel bederven. Ook kunnen ze worden ingevroren, gebruikt in confituren en gelatines, of ingemaakt in alcohol of azijn met peperkorrels om te serveren bij een kaas- en vleesplankje.

bergamot from nancy igp

bergamot uit nancy igp

This sweet is a speciality that links France, and Nancy in particular (as well as other departments like Meuse, Moselle and Vosges), to Italy. It was invented in Nancy in 1857, and is made using demerara sugar syrup, honey and bergamot essence (brought by René II of Anjou) from what used to be the Kingdom of the Two Sicilies, modern-day Calabria. *Bergamote de Nancy IGP* sweets are still made following an artisanal recipe: after the sugar syrup is prepared and the bergamot essence is added the mixture is cooled on a marble surface and cut by hand using a special knife. The result is a square, amber-coloured sweet that weighs between 2 and 5 g, and has an intense aroma and slightly sour flavour. The sweets are sold packaged in metal tins or plastic bags.

Dit snoepje is wat Frankrijk, in het bijzonder de stad Nancy (samen met de andere departementen als Meuse, Moselle, Vogezen) verbindt met Italië. Het werd uitgevonden in Nancy in 1857 en is op basis van rietsuikersiroop, honing en bergamotextract afkomstig (met dank aan René II van Lotharingen) uit het Italiaanse Calabrië, wat destijds deel uitmaakte van het Koninkrijk der Beide Siciliën. De Bergamote de Nancy IGP wordt ook vandaag nog geproduceerd op de traditionele manier: naast de bereiding van de suikersiroop en het toevoegen van de bergamot laat men het gietsel afkoelen op een marmeren werkblad en wordt het met de hand met behulp van een speciaal mes gesneden. Het resultaat is een vierkant, amberkleurig snoepje van tussen de 2 en de 5 gr met een intense geur en een lichtzure smaak. Ze zijn te koop in metalen doosjes of verpakt in plastic zakjes.

pine honey from the vosges aop
zilversparhoning uit de vogezen aop

Renowned since ancient times, this product was granted its first quality certification in 1952, confirmed with an AOP in 1996. It is a dark, runny, malt-flavoured honey with marked balsamic notes, due to the bees gathering nectar from the black pines of the Vosges massif. It is produced in various departments of the Lorraine region (the Vosges mountains, on the Lorraine side, in the Meurthe-et-Moselle and Moselle departments) and the Franche-Comté region (the Haute-Saône and Belfort departments). *Miel de Sapin des Vosges AOP* is extracted by cold centrifuge and filtered, then left to decant for at least two weeks. Spread on a slice of bread it makes an ideal snack, while it can also be used on sweet and savoury dishes while it can also be used in sweet and savoury dishes, once cooked or cooled, or simply to replace sugar as a sweetener.

Dit product, al bekend sinds de oudheid, verkreeg een eerste kwaliteitscertificaat in 1952, gevolgd in 1996 door de AOP-aanduiding. Deze vloeibare honing met een donkere kleur en een moutachtige smaak heeft een opmerkelijk geurig aroma dat afkomstig is van de honingdauw vergaard door de bijen op de zilversparren van de Vogezen. Het geografische gebied is verdeeld over enkele departementen van Lotharingen (de bergketen van de Vogezen aan Lotharingse zijde, departementen Meurthe-et-Moselle, Moselle) en Franche-Comté (departementen Haute-Saône, Belfort). De honing van de Miel de Sapin des Vosges AOP *wordt verkregen door koude centrifugatie en na het zeven moet de honing minstens twee weken bezinken. Gesmeerd op een snee brood is deze honing het ideale tussendoortje, maar hij kan ook toegevoegd worden aan koude of warme, zoete of hartige gerechten, of gewoon suiker vervangen.*

alsace

Set between the Rhine and the Vosges mountains, the cuisine of Alsace is heavily influenced by nearby Germany. Indeed, the region's traditional dishes include sauerkraut, cooked with pork, *baeckeoffe* (a stew with different types of meat), *flammekueche* and sweets like *kugelhopf*. Gastronomic delights include Miel d'Alsace, Crème Fraîche Fluide d'Alsace and foie gras. Alsace is also world famous for its white wines, made from gewürztraminer, Rhine riesling, sylvaner and pinot grigio (to name but the best known). The wines produced in this area belong to three important AOC designations: Alsace, Alsace Grand Cru and Cremant d'Alsace. Alsatian beer is another traditional beverage, above all in the Bas-Rhin department, home to historic breweries. Visitors are really spoilt for choice here, in terms of landscape too, with beautiful cities like Colmar, capital of Haut-Rhin, with its characteristic half-timbered houses.

De Elzas, ingeklemd tussen de Rijn en de bergen van de Vogezen, heeft een keuken die sterk beïnvloed is door het naburige Duitsland. Voorbeelden van deze kruisbestuiving zijn gerechten als zuurkool met varkensvlees, de baeckeoffe *stoofpot met allerhande soorten vlees,* flammekueche *en gebak als de* kugelhopf. *Een regio met een grote gastronomische rijkdom en uitstekende producten zoals de Miel d'Alsace, de Crème Fraîche Fluide d'Alsace, en foie gras. De Elzas is echter ook wereldberoemd vanwege de befaamde witte wijnen van druivensoor-*

ten als gewürztraminer, riesling renano, sylvaner, en pinot grigio (om er maar een paar te noemen). De kwaliteitswijnen uit de Elzas hebben drie oorsprongsaanduidingen: Alsace, Alsace Grand Cru en Cremant d'Alsace. Wat drank betreft is er echter ook een rijke traditie in bieren, vooral in het departement Bas-Rhin waar de historische brouwerijen te vinden zijn. Er is dus keus genoeg in deze streek, ook wat opmerkelijke steden betreft: zie bijvoorbeeld de hoofdstad van Haut-Rhin, Colmar, bekend vanwege haar karakteristieke vakwerkhuizen.

alsace wines
elzasser wijnen

Famed for its wines, the Alsace region is characterised by vineyards on terrain that varies from sandstone and marl to slate, granite and volcanic rock, in the foothills of the Vosges. This mountain range influences the local climate, protecting the area from wind and precipitations, aiding the development of winemaking in Alsace as far back as the 11th century. The three most commonly cultivated varieties are the white grapes riesling, pinot blanc and gewürztraminer, while the only red grape grown is pinot noir. The area's AOC wines are: *Alsace* (for the wines from specific vineyards, which are still, intense and with marked mineral tones), *Alsace Grand Cru* (for *grands crus* wines) and *Cremant d'Alsace* (for sparkling wines). The *Route du Vin*, around 170 km long, winds its way along the Vosges mountains from Thann in the south to Marlenheim in the north, with a small enclave in the north of Alsace near Wissenbourg.

De Elzas is een groots wijngebied, met wijngaarden op zeer uiteenlopende grondsoorten langs de bergwanden van de Vogezen, van zandsteen tot mergel en van leisteen tot graniet en vulkanisch gesteente. De bergen hebben een grote in vloed op het plaatselijke klimaat; ze vormen een natuurlijke barrière tegen wind en neerslag, waardoor er in dit gebied als al sinds de elfde eeuw wijn wordt gemaakt. De drie meest verbouwde soorten zijn riesling, pinot blanc en gewürztraminer, allemaal witte druiven, terwijl de enige rode druivensoort de pinot noir is. De AOC-aanduidingen voor dit gebied zijn: Alsace (voor wijnen van speciale druivensoorten, niet mousserend en met een grote intensiteit en uitgesproken mineraal karakter), Alsace Grand Cru (voor Grand Cru-wijnen) en Cremant d'Alsace (voor mousserende wijnen). De Route du Vin volgt de hellingen van de Vogezen en strekt zich ongeveer 170 km uit van Thann in het zuiden tot aan Marlenheim in het noorden, met een kleine enclave in het noordelijke gedeelte van de Elzas in de buurt van Wissembourg.

alsace
alsatian tart hartige taart uit de elzas

200 g bread dough, 50 g smoked bacon,
2 onions, 1 egg yolk, 200 ml sour cream,
40 ml olive oil, chives, nutmeg, salt, pepper

Peel the onions and slice them finely. Dice the
bacon. Roll out the pastry with a rolling pin and
transfer it to a lightly greased round baking tin. Prick
it all over with a fork. Beat the egg yolk, in a bowl,
with the cream, the oil, a grating of nutmeg and a
pinch of salt and pepper. Distribute the mixture over
the pastry, leaving a border of 1.5 cm around the
edge. Top with the onion and the bacon. Bake in a
preheated oven at 180 °C for 25 minutes. Decorate
with chopped chives. Serve hot.

200 gr brooddeeg, 50 gr gerookte spek, 2
uien, 1 eierdooier, 200 ml zure room, 40 ml
olijfolie, bieslook, nootmuskaat, zout, peper

Schil de uien en snijd ze in dunne ringen. Snijd het
spek in blokjes. Rol het deeg uit en bedek er een
licht beboterd rond bakblik mee. Prik er wat gaatjes in
met een vork. Klop de eierdooier met de room, de olie,
wat geraspte nootmuskaat en een snuifje zout en
peper. Verdeel het mengsel over het deeg en laat rondom een rand van ongeveer anderhalve cm vrij. Beleg
met de uienringen en de spekblokjes. Bak ongeveer 25
minuten in een voorverwarmde oven op 180 °C. Maak
af met de gehakte bieslook en serveer de taart warm.

bretzel bretzel

500 g flour, 270 ml lukewarm water, 50 g butter, 25 g brewer's yeast, 3 dessert spoons bicarbonate of soda, 12 g coarse salt, 12 g sugar

Put the flour in a bowl, and add the crumbled yeast and the sugar. Pour in 50 ml of lukewarm water. Mix until smooth. Leave to rise. Dissolve the salt in the remaining water and add along with the softened butter. Knead for a few minutes then leave to rise for another hour. Divide the dough into eight 50 cm cylinders. Knot the ends of the cylinders. Leave the bretzel to rise on a floured dishcloth for 20 minutes. Bring 4 litres of water to the boil with the bicarbonate of soda and slide the bretzel into the pan. Cook them for approximately 40 seconds. Drain, place on a tray lined with baking paper and sprinkle coarse salt all over. Bake in a preheated oven at 200 °C for 20 minutes.

500 gr bloem, 270 ml lauw water, 50 gr boter, 25 gr droge bakkersgist, 3 lepels zuiveringszout (bicarbonaat), 12 gr grof zout, 12 gr suiker

Doe de bloem in een kom, voeg de verkruimelde gist en de suiker toe. Schenk er 50 ml lauw water bij. Roer tot een zacht beslag. Laat rijzen. Voeg de boter op kamertemperatuur en het overgebleven water met het daarin opgeloste zout toe. Kneed dit deeg nog eens enkele minuten en laat vervolgens een uur rijzen. Verdeel het deeg in 8 rollen met een lengte van 50 cm. Leg een knoop in de deegrolletjes door de uiteinden over elkaar heen te leggen. Laat de bretzel 20 minuten rijzen op een met bloem bestrooide vaatdoek. Breng 4 liter water aan de kook met het zuiveringszout en laat de bretzel in het water glijden en ongeveer 40 seconden koken. Laat uitlekken, leg op een met bakpapier bedekt bakblik en besprenkel met het zout. Bak 20 minuten in een voorverwarmde oven op 200 °C.

alsace
baeckeoffe baeckeoffe

500 g beef, 500 g pork, 500 g mutton or lamb, 1 veal tail,
3 onions, 1 carrot, 2 cloves garlic, 1.5 kg potatoes, 2 leeks,
500 ml white wine (Riesling), flour, 1 bouquet garni, 1 clove, salt, pepper

Chop the meat and place it in a dish. Add one onion, the garlic, the trimmed leeks, the peeled carrot, the bouquet garni, the ground clove and a pinch of salt and pepper. Pour in the wine and leave to marinate in the fridge for 24 hours. Peel and wash the potatoes and cut into rounds. Cover the bottom of a terracotta dish with the potato rounds and season with salt and pepper. Slice the rest of the onions and place on top. Drain the meat and place on top of the layer of onions. Season with salt and pepper. Strain the marinade and pour over the meat adding some water (to about half way up the dish). Add the herbs from the marinade. Prepare pastry with flour and water and use it to seal the lid of the dish. Cook in the oven at 160 °C for at least 3 hours then serve.

500 gr rundvlees, 500 gr varkensvlees, 500 gr lams- of schapenvlees, 1 ossenstaart, 3 uien, 1 wortel, 2 teentjes knoflook, 1.5 kg aardappels, 2 preien, 1/2 l witte wijn (Riesling), meel, 1 bouquet garni, 1 kruidnagel, zout, peper

Snijd het vlees in stukken en doe het in een kom. Voeg 1 versnipperde ui en knoflook, gesneden prei, wortel, bouquet garni, verkruimelde kruidnagel en een snuifje zout en peper toe. Schenk de wijn erbij en laat 24 uur marineren in de koelkast. Schil en was de aardappels en snijd ze in schijven. Beleg de bodem van een terracotta terrine met de aardappelschijfjes, bestrooi met zout en peper. Leg de overgebleven gesneden ui erop. Verdeel het uitgelekte vlees over de laag uien. Bestrooi met zout en peper. Zeef de marinade en schenk deze, samen met wat water, over het vlees (het waterniveau moet tot ongeveer halverwege de terrine komen). Voeg de groentjes en specerijen van de marinade toe. Bereid een deegmengsel van bloem en water en gebruik dat om de deksel van de terrine af te sluiten. Bak minstens 3 uren in een oven op 160 °C en serveer.

alsatian foie gras
foie gras uit de elzas

Legend has it that the recipe for *foie gras d'Alsace* was the brainchild of the chef Jean Pierre Clause, who was in the service of the military governor Contades between 1778 and 1783. Since then foie gras has obviously been viewed as the region's most sophisticated speciality. There is the goose version, which is sweet, creamy and fine-textured (the Alsatian goose has been specially bred to create larger foie gras after forced feeding) and the duck version, with an intense, almost piquant flavour. It is almost always served as a terrine with at least 15 spices, but it also appears served hot as pan-fried foie gras escalope with potatoes, or in traditional recipes like chicken roulade with truffles, in a vermouth jelly served with braised suckling pig, or with grapes and rennet apples. It is also delicious spread on a slice of homemade bread, with a pinch of salt, washed down with a glass of Pinot Gris d'Alsace.

Volgens de legende werd het recept voor foie gras d'Alsace *voor het eerst voorgesteld door de kok Jean Pierre Clause, die in dienst was van de militaire gouverneur Contades, tussen 1778 en 1783. Sindsdien is foie gras het meest geraffineerde gerecht uit de Elzas. Men kan foie gras vinden van gans, met een smeuige zoete smaak (de ganzensoort van de Elzasser gans werd speciaal geselecteerd voor het verkrijgen van de grootste ganzenlever door middel van vetmesten), maar ook van eend, wat een pikantere smaak heeft. De ganzenlever wordt vrijwel altijd bereid als terrine, met een vijftiental kruiden en specerijen, maar soms kan men het ook vinden als warme kalfsoester met aardappeltjes uit de pan, of in traditionele recepten als taart met hoen en truffel, in gelatine van vermouth met gesmoord varkensvlees, of met druiven en appels. Ganzenlever is ook lekker als paté op een lekker stuk brood met een snuifje zout en een mooi glas Pinot Gris d'Alsace.*

alsace
sauerkraut zuurkool

1.5 kg sauerkraut, 12 potatoes, 1 slice cured pork fat, 1 pork loin roast (or 6 slices pork loin),
1 Morteau sausage, 6 knacks (similar to frankfurters), 75 cl. beer (or white wine), 1 l chicken stock,
1 onion, 1 carrot, 2 cloves, 12 juniper berries, 1 bouquet garni, 50 g butter, salt, pepper

Peel the potatoes and the carrot. Cut the rind off the pork fat and dice the latter. Blanch the sauerkraut in boiling water for 10 minutes then drain. Place the butter, the rind, the onion studded with cloves, the chopped carrot and the bouquet garni in a terracotta dish. Chop the pork loin (or the slices of loin) into pieces and add it, together with the juniper berries, potatoes and lard. Pour in the beer, simmer until it has evaporated, add the stock and cook for about an hour. Add the sauerkraut, the sausage and the knacks cut into rounds. Cook for another 10 minutes. Serve the choucroute hot.

1,5 kg zuurkool, 12 aardappels, 1 stuk spek, 1 varkenscarré (of 6 stukken varkenslende), 1 Morteauworst, 6 knakworstjes, 75 cl bier (of witte wijn), 1 l kippenbouillon, 1 ui, 1 wortel, 2 kruidnagels, 12 jeneverbessen, 1 bouquet garni, 50 gr boter, zout, peper

Schil de aardappels en de wortel. Snijd het zwoerd van het spek en snijd het spek in blokjes. Blancheer de zuurkool 10 minuten in kokend water en laat uitlekken. Doe de boter, het zwoerd, de ui met de kruidnagels erin geprikt, de gesneden wortel en het bouquet garni in een terracotta kookpot. Voeg de in stukken gesneden varkenscarré (of varkenslendenen) toe, alsook de jeneverbessen, de aardappels en het spek. Schenk het bier erbij, laat verdampen, voeg de bouillon toe en laat een uur doorkoken. Schep ook de zuurkool, en de in plakjes gesneden worst en knakworst erbij. Kook nog eens 10 minuten. Serveer de choucroute warm.

cremant d'alsace aoc
cremant d'alsace aoc

Cremant d'Alsace AOC is made from pinot blanc, pinot gris, sylvaner and occasionally chardonnay grapes (the latter is only permitted for sparkling wines in Alsace). Although it has been made since the end of the 19th century, it was only with the decree of 24 August 1976, granting AOC status to *Crémant d'Alsace*, that the *Maisons de vins d'Alscace* were allowed to use a new procedure to create a quality sparkling wine following criteria comparable to those of *champenois* winemakers. Cremant is a straw yellow, fresh, refined sparkling wine with a lasting, fine, light *mousse*. It makes an excellent aperitif, and is used to make cocktails like *Crémant cassis* and *Crémant framboise*, and to accompany cold starters, fish, white meat and desserts.

De Cremant d'Alsace AOC *is het resultaat van pinot blanc-, pinot gris-, sylvaner- en af en toe chardonnay-druiven (chardonnay mag in de Elzas alleen gebruikt worden bij mousserende wijnen). Ondanks het feit dat de wijn al gemaakt wordt sinds het eind van de negentiende eeuw, is het de wijnproducenten van het* Maison de vins d'Alsace *pas sinds de verordening van 24 augustus 1976 toegestaan om een nieuw procedé te gebruiken bij het maken van de kwaliteitswijn, met kwalificaties die vergelijkbaar zijn met die van de* champenois. *De Crémant is een strogele, frisse, geraffineerde mousserende wijn, met een persistente fijne en lichte "mousse". De wijn is zeer geschikt voor borrels of als basis voor cocktails als* Crémant cassis of Crémant framboise. *Ook zeer aangenaam bij koude voorgerechten, vis, wit vlees en desserts.*

alsace
alsatian kougelhopfs kugelhopf-cake uit de elzas

500 g Manitoba flour, 4 eggs, 120 g granulated sugar, 150 ml milk,
130 g butter, 7 g dried brewer's yeast, 1 vanilla pod, grated rind of 1 lemon,
150 g raisins, rum, icing sugar, salt

Soak the raisins in the rum. Pour the lukewarm milk into a bowl, add the softened butter, granulated sugar, the seeds from the vanilla pod, the lemon rind and a pinch of salt. Mix. Add the lightly beaten eggs, the flour and the yeast. Work the dough until it is elastic and comes away from the sides of the bowl. Add the drained and squeezed raisins. Butter and flour a 2 litre kougelhopf tin. Transfer the dough to the tin. Cover with a damp dishcloth and leave to rise for about 3 hours. Bake in a preheated oven at 180 °C for 40–50 minutes. Take out of the oven and serve warm or cold with a dusting of icing sugar.

500 gr Manitoba-bloem, 4 eieren, 120 gr kristalsuiker, 150 ml melk, 130 gr boter, 7 gr droge bakkersgist, 1 vanillestokje, geraspte schil van 1 citroen, 150 gr rozijnen, rum, poedersuiker, zout

Week de rozijnen in de rum. Doe de lauwe melk, de gesmolten en op kamertemperatuur gebrachte boter, de kristalsuiker, de vanillezaadjes, de citroenschil en een snuifje zout in een kom. Roer om. Voeg de licht geklopte eieren, de bloem en de gist toe. Werk alles door elkaar tot een elastisch beslag dat niet meer aan de wanden van de kom kleeft. Voeg de uitgelekte en uitgeknepen rozijnen toe. Vet een kouglofbakblik van twee liter in met boter en bestrooi met bloem. Schenk het beslag erin. Dek af met een vochtige vaatdoek en laat ongeveer 3 uren rijzen. Bak 40-50 minuten in een voorverwarmde oven op 180 °C. Haal de cake uit de vorm en serveer lauw of afgekoeld en bestrooid met poedersuiker.

alsatian liquid fresh cream igp
vloeibare verse room uit de elzas igp

Although many think this is just another kind of cream, *Crème Fraîche d'Alsace IGP* is in actual fact made of cow's milk heated to 30 °C, skimmed, pasteurised, cooled and enriched with live cultures. Ivory white in colour and containing at least 32% fat, it is produced in Alsace in the Haut-Rhin and Bas-Rhin departments. It is a mainstay of regional recipes like *flammekueche* (a pizza-like tart made with bread dough and cured meats) or salmon soup, as well as sauces for meat or fish dishes, crème Chantilly, desserts in general, quiches and salads. It is sold in tubs that go from 100 ml to 1 litre, or in steel containers, suitable for export, from 5 to 10 kg. Once purchased it must be kept in the fridge and should be eaten within 30 days.

Crème Fraîche d'Alsace IGP wordt vaak aangezien voor gewone room, maar in feite is het een vloeibare crème die gemaakt wordt van koemelk die verwarmd is tot 30 °C en vervolgens afgeroomd, gepasteuriseerd, afgekoeld en verrijkt met melkzuurbacteriën. De crème fraîche, met een ivoorwitte kleur en een vetgehalte van minstens 32%, wordt in de Elzas in de departementen Haut-Rhin en Bas-Rhin gemaakt. Hier komen ook de regionale recepten met crème fraîche vandaan, zoals de flammekuehe *(een hartige taart op basis van brooddeeg en vleeswaren) of zalmsoep, maar ze is ook onmisbaar in sausen voor vlees- of visgerechten, in crème chantilly, allerhande toetjes, hartige taarten en in salades. In de winkel kan men de crème fraîche vinden in verpakkingen van 100 ml tot een liter, of in metalen blikken van 5–10 kg die bedoeld zijn voor de export. De crème fraîche moet bewaard worden in de koelkast en binnen 30 dagen gebruikt.*

alsace
gingerbread kruidkoek

250 g flour, 250 g honey, 1 teaspoon baking powder, 1/2 teaspoon ground ginger, 1/2 teaspoon ground nutmeg, 1/2 teaspoon ground cinnamon, 1/2 star anise, 125 ml milk, 200 ml black tea, 1/2 teaspoon bicarbonate of soda

Grind the star anise in a mortar. Mix all the ingredients in a bowl but make sure the baking powder doesn't touch the bicarbonate of soda. When the mixture is smooth leave to rest for 30 minutes. Transfer to a buttered, floured cake tin. Bake in a preheated oven at 180 °C for about 1 hour.

250 gr bloem, 250 gr honing, 1/2 dessertgist, 1/2 theelepel gemberpoeder, 1/2 theelepel nootmuskaatpoeder, 1/2 theelepel kaneelpoeder, 1/2 steranijs, 125 ml melk, 200 ml zwarte thee, 1/2 theelepel zuiveringszout (bicarbonaat)

Maal in een vijzel de steranijs fijn. Meng alle ingrediënten door elkaar in een kom, maar let erop dat het gist niet in contact komt met het bicarbonaat. Laat het beslag, wanneer het eenmaal mooi glad is, 30 minuten rusten. Schenk het vervolgens in een cakeblik dat is ingevet met boter en bestrooid met bloem. Bak ongeveer een uur in een voorverwarmde oven op 180 °C.

centre

Right in the heart of France, the Centre region comprises six departments (Cher, Eure-et-Loire, Indre, Indre-et-Loire, Loire-et-Cher and Loiret). The landscape is varied, with major cities like Orléans, Chartres and Tours, prestigious wine areas like Touraine and Sancerre, and woodlands, lakes and castles. Each department has its own gastronomic traditions (and it could not be otherwise in the homeland of Rabelais), with high-quality products like cheeses (Valençay, Sainte-Maure de Touraine, Pouligny-Saint-Pierre and Selles-sur-Cher), legumes (Lentilles Vertes du Berry), the famed Chartres beer, freshwater fish like Sologne pike, and Oeufs de Loué; not forgetting the prized Volailles de l'Orléanais characterised by firm, lean meat. This region, and Lamotte-Beuvron in particular, is home to a dessert which is famous not only in France but all over the world: the Tarte Tatin, an apple pie created at the end of the 19th century by the Tatin sisters.

De regio Centre is gelegen in het midden van Frankrijk en bestaat uit 6 departementen (Cher, Eure-et-Loire, Indre, Indre-et-Loire, Loire-et-Cher, Loiret). De regio is gekenmerkt door een zeer afwisselend terrein met bossen, meren en kastelen, belangrijke steden als Orléans, Chartres en Tours en vermaarde wijngaarden zoals die van Touraine of Sancerre. Elk departement heeft zijn eigen karakteristieke keuken (hoe kan het anders, in het land van Rabelais) met producten van hoog niveau; kazen (Valençay,

Sainte-Maure de Touraine, Pouligny-Saint-Pierre, Selles-sur-Cher), peulvruchten (Lentilles Vertes du Berry), het beroemde bier uit Chartres, zoetwatervis als snoek uit Sologne, de Oeufs de Loué en niet te vergeten het beroemde Volailles de l'Orléanais, pluimvee met bijzonder compact en mager vlees. Uit deze regio, met name uit Lamotte-Beuvron, komt de ook buiten Frankrijk befaamde Tarte Tatin, een appeltaart die aan het eind van de negentiende eeuw werd bedacht door de gezusters Tatin.

valençay aoc
valençay aoc

Valençay is the only French town to boast designation of origin status for two different products: wine (2004) and cheese (1998). *Valençay AOC* wine is produced in the departments of Indre and Loir-et-Cher; the main vineyards, between Touraine, Berry and Sologne, cultivate sauvignon blanc for the white version and gamay for the red. An easy-drinking, aromatic wine, Valençay AOC is sold in three versions: white, rosé and red. White Valençay, a blend of sauvignon and chardonnay, has a fresh palate with citrus and floral notes and is a good accompaniment to fish dishes and goat's cheeses. Valençay rosé is a wonderful summer wine, which can be drunk with a platter of cold cuts or exotic dishes. Valençay red is in line with the Loire Valley reds, and its fine, fresh palate, reflecting its structure, makes it an ideal tipple for barbecues. While still young it is a perfect accompaniment for the cheese of the same name.

Valençay is de enige Franse gemeente die oorsprongsaanduidingen heeft weten te krijgen voor twee verschillende producten, wijn (2004) en kaas (1998). De wijn Valençay AOC *komt uit wijngebieden gelegen tussen de Touraine, de Berry en de Sologne, in de departementen Indre en Loir-et-Cheruati; de voornaamste druivensoorten zijn sauvignon blanc voor de witte en gamay voor de rode wijn. Valençay AOC is een aromatische wijn met een makkelijke afdronk, te vinden in de wijnhandel als rode, rosé en witte wijn. De witte Valençay op basis van sauvignon en chardonnay, is een frisse verschijning, met toetsen van citrus afgewisseld met een bloemig bouquet. Deze wijn past goed bij visgerechten en geitenkaas. Valençay rosé is de zomerwijn bij uitstek, heerlijk om te drinken bij een mooie schotel vleeswaren of bij exotische gerechten. De rode Valençay past binnen de lijn van de rode wijnen uit de Loirevallei. De frisheid en fijne smaak die kenmerkend zijn voor zijn structuur maken hem tot de ideale wijn voor bij geroosterd vlees. Een nog jonge wijn gaat goed samen met de gelijknamige kaas.*

valençay aop
valençay aop

Legend has it that this cheese was originally made in a pyramid shape, but that on retreating from Egypt, Napoleon, who had stopped off at Valençay castle, chopped off the tip with his sword because it reminded him of the Egyptian pyramids. *Valençay AOP* cheese is made from goat's milk (from Alpine or Saanen goats) in the Indre, Indre-et-Loire, Cher and Loir-et-Cher departments. It has two distinctive features: the first is the cheese-making process – the curds are not broken, but placed directly in the moulds without being pressed – and the second is its appearance. The rind is covered in moulds that range in colour from light grey to bluish grey. With its sweet flavour and slightly nutty aftertaste, it is used in cooking, diced or sliced as an aperitif served with the wine of the same name, as a mid-afternoon snack or as an after-dinner treat.

Volgens de legende had deze kaas oorspronkelijk een piramidevorm. Na de terugtocht uit Egypte verbleef Napoleon in het kasteel van Valençay en omdat de kaas hem teveel deed denken aan de Egyptische piramides, sloeg hij met zijn zwaard de top eraf. Valençay AOP is een kaas gemaakt van geitenmelk (van Alpen- of Saanengeiten) uit de departementen Indre, Indre-et-Loire, Cher en Loir-et-Che. De kaas heeft twee opmerkelijk aspecten. In de eerste plaats de manier van produceren: de wrongel wordt niet gesneden maar meteen zonder persen in de vorm gedaan. Ten tweede is er het voorkomen: de kaas heeft een korst die bedekt is met schimmels met kleuren die variëren van lichtgrijs tot donker-, bijna blauwgroen grijs. Met zijn zachte smaak en licht notige nasmaak is de kaas heel geschikt om te gebruiken bij het koken, in blokjes of plakjes, of bij de borrel met een glas van de gelijknamige wijn. Ook lekker als tussendoortje of na het diner.

sancerre aoc
sancerre aoc

Located on a side canal of the Loire river in the Cher department, the town of Sancerre is known for the AOC wine of the same name: truly great whites made using sauvignon blanc. It is therefore a popular destination for wine tourists, as the Loire river makes its way through some stunning landscapes: Sancerre is characterised by picturesque rolling hills clad in vineyards, and a town centre full of historic houses. Sancerre vineyards cover an area of around 2,500 hectares alongside the Loire. As well as the prized sauvignon blanc red wine is also produced here, with varieties like pinot noir. But the area's fame undoubtedly comes from its whites, with their distinctive characteristics and flinty notes (pierre à fusil), which derive from the singular geological make-up of the terrain.

De gemeente Sancerre, gelegen aan een zijarm van de Loire in het departement Cher, heeft zijn naam geleend aan de uitstekende witte AOC-wijnen van sauvignon blanc-druiven. Vanwege deze faam is de plaats een geliefd reisdoel voor wijntoeristen, ook dankzij het prachtige landschap van de Loire-rivier dat in het geval van Sancerre gekenmerkt wordt door een fascinerende heuvelachtige omgeving met wijngaarden en een historisch centrum, rijk aan oudheden. De wijngaarden van Sancerre strekken zich uit over een oppervlak van circa 2.500 hectare langs de oevers van de Loire; naast de heerlijke sauvignon blanc zijn er ook wijngaarden met rode druivensoorten als de pinot noir te vinden. Maar het zijn vooral de witte wijnen die wereldwijd gewild zijn voor hun geur- en smaakeigenschappen, met name het aroma van vuursteen (pierre à fusil) dat veroorzaakt wordt door de bijzondere geologische bodemsamenstelling.

centre
trout with almonds forel met amandelen

3 gutted trout, 100 g flaked almonds, 100 ml sour cream,
1 glass white wine, juice of 1/2 lemon, fennel seeds,
3 sprigs thyme, butter, salt, pepper

Stuff the trout with the thyme and some fennel seeds. Place in a buttered dish. Pour the lemon juice and the wine over them. Cover with knobs of butter. Cook in a preheated oven at 180 °C for 10 minutes, then turn the trout over and pour the cream over them. Season with salt and pepper and coat in flaked almonds. Cook for a further 10 minutes. Serve the trout warm with parsley potatoes.

3 schoongemaakte forellen, 100 gr amandelschaafsel, 100 ml zure room, 1 glas witte wijn, sap van 1/2 citroen, venkelzaad, 3 takjes tijm, boter, zout, peper

Prepareer de forellen met de tijm en het venkelzaad. Leg ze in een ingevet bakblik. Besprenkel met het citroensap en de wijn. Beleg met klontjes boter. Bak 10 minuten in een voorverwarmde oven op 180 °C, draai ze vervolgens om en schenk de room erover. Voeg zout en peper toe en strooi de geschaafde amandelen erover. Bak nog eens 10 minuten. Serveer de forel warm, met aardappeltjes met peterselie als bijgerecht.

crottin de chavignol aoc

crottin de chavignol aoc

Produced with unpasteurised milk from the Centre and Burgundy regions, this is the Loire Valley's most famous goat's cheese. It takes its name from *crot* (literally meaning hole), which was the spot on the river bank where the women used to do the laundry and peasant farmers obtained clay to make their cheese containers. Crottin de Chavignol (a small village which is home to around 200 people) is cylindrical, with a compact paste and bloomy rind which, depending on ageing, varies in colour from white to blue. There are indeed various versions: semi-mature (sweet and fresh); mature (with slightly bloomy rind); dry (with a hint of walnut and hazelnut); blue (with a mushroomy, forest-floor flavour) and *Repassé* (in a jar). It is served as an aperitif, on the cheese board or in recipes like Chavignol quiche or aubergine purée with Chavignol. Sancerre holds a Crottin de Chavignol festival at the end of April or beginning of May every year.

De beroemdste geitenkaas uit de Loirevallei wordt gemaakt met rauwe melk afkomstig uit de regio's Centre en Bourgogne. De naam komt van crot (gat), de plek aan de oever van de rivier waar vrouwen de was gingen doen en boeren precies de juiste klei vonden om de kaasvormen te maken. Crottin de Chavignol (de naam van een dorpje van amper tweehonderd zielen) heeft een cilindrische vorm, een compacte kaasmassa en een donzige korst die al naar gelang de rijpingsduur van kleur varieert van wit tot blauw. De kaas is dan ook te vinden in diverse soorten: halfbelegen (zoet en vers); belegen (met een licht donzige korst); droog (met vleugjes walnoot en hazelnoot); blauw (geurend naar bos en paddenstoelen) of Repassé (bewaard in potjes). De kaas wordt geserveerd zowel bij het aperitief als na het diner; hij kan ook gebruikt worden in gerechten als hartige taart van Chavignol of auberginecrème met Chavignol. In Sancerre wordt er elk jaar eind april-begin mei een festival gehouden met Crottin de Chavignol in de hoofdrol.

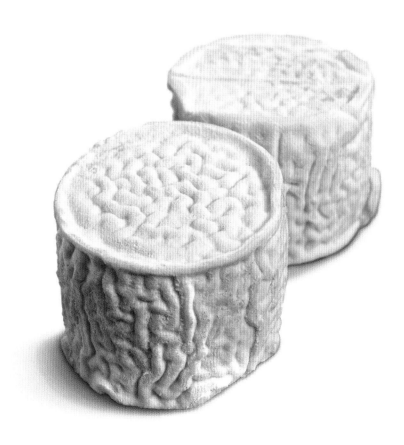

green lentils from berry igp
groene linzen uit berry igp

On their own the 49 towns in the Indre and Cher departments that cultivate *Lentilles Vertes du Berry IGP* cover 70% of national lentil production, thanks to the good farming land, favourable climate and the farmers' hard work. In 1996, for the first time, a dried pulse was awarded the *Label Rouge*, confirmed two years later when it received *Indication Géographique Protégée* standard. This designated product is safeguarded and managed by the *Association des Lentilles vertes du Berry*, based in Saint-Georges-sur-Arnon. The lentils are dark brown with blue streaks, around 5 mm in diameter, and do not require soaking. After being cooked for around 30 minutes they are used in hearty soups, teamed with vegetables or rice. If eaten alone, a drizzle of oil and a few slices of raw onion will suffice.

De 49 gemeenten in de departementen Indre Cher waar de Lentilles Vertes du Berry IGP *worden verbouwd, produceren samen 70% van het nationale aanbod van linzen. De aarde is hier is makkelijk te verbouwen, het klimaat is gunstig en de telers zijn vakmensen. In het jaar 1996 ging het eerste Label Rouge voor een gedroogde peulvrucht dan ook naar de Lentilles Vertes du Berry, als bewijs van superieure kwaliteit. Twee jaar later werd dit bevestigd door het toekennen van de* Indication Géographique Protégée. *De organisatie die deze aanduiding beschermt en waarborgt is l'Association des Lentilles vertes du Berry met hoofdkwartier in Saint-Georges-sur-Arnon. De linzen hebben een donkergroene kleur met blauwe strepen en zijn ongeveer 5 mm groot. Ze hoeven niet geweekt te worden. Nadat ze ongeveer 30 minuten hebben gekookt, zijn ze klaar om te gebruiken in stevige soepen, of om te combineren met andere groentjes of rijst. Ook op zichzelf heel lekker, met een scheutje olijfolie en wat stukjes rauwe ui.*

selles-sur-cher aop

selles-sur-cher aop

This goat's cheese is made in 14 towns in the Loir-et-Cher, Indre and Cher departments, and takes its name from the main production town. Round in shape (around 9 cm in diameter and 3 cm high), it weighs around 150 g. Its characteristic grey rind is due to the addition of vegetable charcoal powder at the salting stage, which serves both to control humidity and favour the formation of mould. *Selles-sur-Cher AOP* is aged for a minimum of 10 days and a maximum of three weeks, and has a soft, smooth interior and characteristic goat's milk flavour. It should be served after a meal without removing the rind, accompanied by local wines.

Deze geitenkaas wordt geproduceerd in 14 gemeenten van de departementen Loir-et-Cher, Indre en Cher. De naam komt van de gelijknamige plaats waar het grootste deel van de productie vandaan komt. De vorm is rond (doorsnee van ongeveer 9 cm, en 3 cm hoog) en de kaas weegt ongeveer 150 gr. De korst heeft een karakteristieke grijze kleur door het toevoegen van natuurlijke houtskool tijdens het zouten van de kaas. Dit zorgt voor extra controle van de vochtigheid en bevordert de groei van de schimmel. De Selles-sur-Cher AOP laat men rijpen voor periodes van minimaal 10 dagen tot maximaal drie weken. De kaas is glad en heeft de typische smaak van geitenmelk. Serveer hem na de maaltijd zonder de korst te verwijderen en combineer met een van de lokale wijnen.

3€ 2Kg

origine Isle/Sorgue catégorie I
produit Pommes (Acidulée parfumée)
riété TOPAZ

bienvenue à la ferme

tarte tatin tarte tatin

350 g shortcrust pastry, 8 Golden Delicious apples,
250 g sugar, 75 g butter

Peel the apples and cut them into quarters, discarding the cores. Butter a round pie-dish, placing extra knobs of butter on top, and dust with 200 g sugar. Arrange a layer of apple quarters, with their backs to the bottom of the dish. Dust with remaining sugar and cover with a second layer of apples, with their backs facing upwards. Place the dish on the heat and cook until the sugar turns golden. Leave to cool. Roll out the pastry with the rolling pin and arrange it over the apples, turning the edges down. Prick all over with a fork. Bake in a preheated oven at 200 °C for 20 minutes. Turn over onto a plate and serve warm.

350 gr boterdeeg, 8 Golden Delicious appels, 250 gr suiker, 75 gr boter

Schil de appels, snijd in 4 kwarten en verwijder de klokhuizen. Vet een rond bakblik in, leg er wat krulletjes boter in, en bestrooi met 200 gr suiker. Verdeel de stukjes appel in een eerste laag, met de buitenkant naar beneden. Bestrooi met de overgebleven suiker en verdeel de tweede laag appels, ditmaal met de buitenkant naar boven. Zet het bakblik op het vuur en laat koken tot de suiker een mooie bruine kleur heeft. Laat afkoelen. Rol het deeg uit met een deegroller en leg het over de appels, met de rand naar binnen en naar beneden gevouwen. Prik met een vork gaatjes in het deeg. Bak 20 minuten in een voorverwarmde oven op 200 °C. Keer de taart om op een bord en serveer lauw.

bourgogne

There are few regions that enjoy such gastronomic fame in the collective imagination. From snails to the great wines of Côte d'Or and Chablis, to Charolais beef and cheeses like Crottin de Chavignol and Epoisses de Bourgogne, visiting Bourgogne means a chance to discover its outstanding products. Important centres include Dijon (famous for its mustard), Cluny with its prestigious abbey, and medieval Auxerre on the river Yonne. And with the many castles that dot the region, the area succeeds in combining gastronomic prowess with a unique historic and artistic heritage. Sampling the legendary escargot de bourgogne or boeuf bourguignon with a glass of Beaujolais, or sipping a Crème de Cassis or Kir, are great ways to get to know and appreciate this region. And don't forget to visit the numerous *domaines* lovingly tended by *vignerons*.

Slechts weinige regio's zijn zo synoniem met enogastronomische faam in ons collectieve geheugen als Bourgondië. Van slakken en grootse wijnen als Côte d'Or en Chablis, tot het Charolais rundvlees en Crottin de Chavignol of Epoisses de Bourgogne kazen, dit alles en nog veel meer moois valt er te ontdekken in Bourgondië. Steden als Dijon (beroemd om haar mosterd), Cluny met de vermaarde abdij, het middeleeuwse Auxerre aan de oevers van de Yonne, en de vele kastelen verspreid over het gebied getuigen van het feit dat deze regio gastronomische specialiteiten weet te combineren met een boeiende historische en artistieke erfenis. Er zijn vele manieren om van Bourgondië te genieten; escargot de bourgogne of boeuf bourguignon eten met een glas Beaujolais, Crème de Cassis of Kir, en natuurlijk de talrijke domaines bezoeken die de vignerons met zoveel liefde en aandacht verzorgen.

pommard aoc
pommard aoc

The entire municipality of Pommard is one of France's most renowned wine appellations. This AOC does not have any *Grands Crus*, because when it was awarded, the idea was to highlight the whole area rather than specific vineyard plots. *Pommard AOC* is made from pinot noir cultivated in the Côte de Beaune area, at an altitude that ranges from 240 to 380 metres. Its characteristic palate maintains the distinctive features of the different climatic areas. A full-bodied, structured red that develops complex aromas from 5 to 20–25 years of ageing, it should be served at 16–18 °C and uncorked at least one or two hours before serving. It is a good accompaniment to hearty dishes like stuffed shoulder of mutton, *entrecôte* in wine, jugged meats or hare, wild boar or pheasant paté, or mature cheeses like Epoisses, Livarot and Pont-l'Evêque.

Dit is een van de beroemdste namen onder de Franse wijnen, met een wijngebied dat de hele kleine ge-meente Pommard omvat. Deze AOC-aanduiding heeft geen Grands Cru *omdat men er ten tijde van de toe-kenning de voorkeur aan gaf de plaatselijke denomi-natie als geheel te bevorderen in plaats van de verschillende wijngaarden onder te verdelen in kleinere gebieden.* Pommard AOC *komt uit Côte de Beaune, van pinot noir-druiven die groeien op een hoogte van 240-380 m. Door deze hoogte houdt de druif de typische kli-matologische karaktertrekken van de smaak goed vast. De rode wijn is stevig en gestructureerd, met complexe aroma's vanaf 5 jaar, tot 20-25 jaren. De temperatuur moet tussen de 16-18° C zijn en de geopende fles moet minstens een of twee uur chambreren. Pommard gaat heel goed samen met gewichtige gerechten als gevuld schouderstuk van ram,* entrecôte *in wijnsaus en vlees-stoofpot; ook lekker met pâté van haas, zwijn of fazant, en pikante kazen als Epoisses, Livarot en Pont-Evêque.*

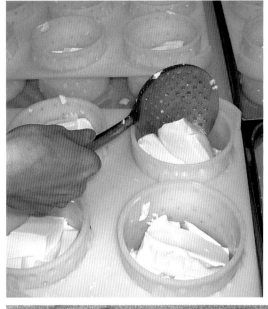

epoisses aop
epoisses aop

Legend has it that this cheese was made for the first time around the 16th century by Cistercian monks in the area between the Côte d'Or, Yonne and Haute-Marne. It enjoyed popularity until the 20th century, but production waned during the Second World War. It made a successful comeback as of the 1950s thanks to a certain Monsieur Berthaut. *Epoisse AOP* is one of the few cheeses still produced with the slow coagulation method (which takes between 16 and 24 hours), and the rind is washed with water and Marc de Bourgogne. It is cylindrical in shape with a smooth, slightly wrinkly rind, which is ivory to orangey-red in colour. The interior is light-coloured with a soft, oozy consistency, and the marked flavour is characterised by a slightly alcoholic aroma. There is a small version (diameter between 95 and 115 mm and weighing between 250 and 350 g) and a larger one (diameter between 165 and 190 mm and weighing between 700 and 1100 g).

Het verhaal wil dat deze kaas voor het eerst werd gemaakt door cisterciënzer monniken in de zestiende eeuw in het gebied tussen Côte d'Or, Yonne en Haute-Marne. De kaas was behoorlijk populair tot aan de twintigste eeuw, waarna de productie stokte tijdens de Tweede Wereldoorlog. De onvermijdelijke terugkeer kwam aan het einde van de jaren vijftig van de vorige eeuw, dankzij de inspanningen van een zekere heer Berthaut. Epoisse AOP is een van de weinige kazen die nog volgens de langzame stremselmethode wordt gemaakt (16 tot 24 uur), met een gewassen korst (gewassen met water en Marc de Bourgogne). De vorm is cilindrisch, de korst glad of licht gerimpeld met een kleur die neigt naar oranjerood. De kaasmassa heeft een lichte kleur en een zachte en smeuïge consistentie, met een uitgesproken smaak en een licht-alcoholisch aroma. In de winkel is de kaas te vinden in klein formaat (ongeveer 95 tot 115 mm groot met een gewicht van 250-350 gr) of groot formaat (165-190 mm, gewicht 700-1100 gr).

bourgogne
chablis aoc
chablis aoc

This wine hails from the Chablis area in the north of Burgundy, one of the coldest wine-making areas in the world. Wine has been made here since the 12th century, firstly by the Cistercians. The area supplied table wine to the Paris court, and also proved extremely successful across the Channel. To shield the vines from the cold temperatures, the new shoots of chardonnay are still heated with oil-burning stoves or covered with water to create a protective layer of ice. The grapes are harvested by hand, and the wine ages for a period that varies between 10 and 13 months, in oak barrels and then small steel vats. The result is a wine with a characteristic yellow perlage with greenish nuances, a bouquet with flinty notes and a particular blend of structure and acidity that lend it great finesse. Chablis is the definitive symbol of the French lifestyle and drinking this dry white wine has to be one of life's great pleasures.

Chablis wijn wordt geproduceerd in een gebied in het noorden van Bourgondië. Deze regio is een van de koudste wijngebieden ter wereld, maar toch is er door de eeuwen heen wijn geproduceerd, eerst door de cisterciënzer monniken in de twaalfde eeuw, dan voor de levering van wijn in karaf aan het Parijse hof en tot slot vanwege de grote interesse uit Engeland. In het verleden (en nu nog steeds) werden de jonge scheuten van de wijnranken tegen de kou beschermd door ze te verwarmen met petroleumstellen of te besproeien met water om zo een isolerend laagje ijs te creëren. De met de hand geoogste chardonnay-druiven laat men eerst tussen de 10 en 13 maanden rijpen in eiken vaten en vervolgens in kleine metalen wijnvaten. Op deze manier verkrijgt men de wijn met het karakteristieke gele schuim en groenige zweem, met een bouquet met toetsen van mineralen en een bijzondere elegantie door de wisselwerking tussen stevig en zuur. Chablis is een droge witte wijn die de Franse levensstijl ten voeten uit symboliseert; een feest om te drinken!

bourgogne
burgundy snails slakken op bourgondische wijze

4 dozen cooked snails and the empty shells,
4 cloves garlic, 1 shallot, 100 g parsley,
250 g butter, salt, pepper

Wash the parsley and chop finely. Peel the garlic and the shallots and chop. Place the softened butter in a dish, and add the garlic, shallot and parsley. Season with salt and pepper. Mix well with a wooden spoon until the butter becomes green and smooth (if preferred, the ingredients can be mixed in a blender). Put a teaspoonful of the green butter into each empty shell. Place a snail in the centre. Arrange the shells in a snail dish with the opening turned upwards. Cook in a preheated oven at 200 °C for 5–10 minutes then serve.

4 dozijn gekookte slakken met lege slakken-huizen, 4 teentjes knoflook, 1 sjalotje, 100 gr peterselie, 250 gr boter, zout, peper

Was en hak het peterselieblad. Schil en hak de knofook en de sjalot fijn. Doe de op kamertem-peratuur gebrachte boter in een kom en voeg knof-look, sjalot en peterselie toe. Breng op smaak met zout en peper. Meng alles met een houten lepel tot een gladde "groene" boter (gebruik eventueel een mixer om de ingrediënten te mengen). Vul elk leeg slakkenhuisje met een klontje "groene" boter. Plaats een slak in het midden, en leg de slakkenhuisjes met de opening naar boven op een slakkenbord. Bak 5-10 minuten in een voorverwarmde oven op 200 °C.

bourgogne

boeuf bourguignon boeuf bourguignon

800 g beef, 100 g unsmoked bacon, 650 ml red wine, 4 carrots, 6 French onions,
1 bouquet garni, 1 clove garlic, 100 g stoned green olives, 250 g mushrooms,
1 dessert spoon flour, 50 g butter, salt, pepper

Peel the carrots and slice into rounds. Peel the onions and chop two of them into thin slices. Chop the beef and the bacon into chunks. Melt the butter in a pan and add the 2 sliced onions and the meat. Brown for about 5 minutes, then stir and cook for a further 5 minutes. Dust with flour, stir and brown for a few more minutes. Add the carrots and the 4 whole onions, the olives, the peeled and crushed garlic and the bouquet garni. Season with salt and pepper. Pour in the red wine, cover and cook for an hour. Wash and slice the mushrooms then sauté in a pan with a teaspoon of butter for 5 minutes. Add them to the meat and leave for a few minutes to absorb the flavour, then serve.

800 gr rundvlees, 100 gr ongerookte buikspek, 650 ml rode wijn, 4 wortels, 6 uien, 1 bouquet garni, 1 teentje knoflook, 100 gr groene olijven zonder pit, 250 gr champignons, 1 eetlepel bloem, 50 gr boter, zout, peper

Schil de wortel en snijd hem in schijfjes. Schil de uien en snijd er twee in dunne plakjes. Snijd het vlees en het spek in grove stukken. Smelt de boter in een braadpan en voeg de gesneden ui en het vlees toe. Braad ongeveer 5 minuten. Bestrooi met de bloem, roer en laat nog eens 5 minuten bruin braden. Voeg de wortel en de 4 hele uien toe, gevolgd door de olijven, het geschilde en fijngehakte knoflookteentje, en het bouquet garni. Breng op smaak met zout en peper. Schenk de rode wijn erbij, dek de pan af en laat een uur koken. Was en snijd de champignons en bak deze met een klontje boter 5 minuutjes in een andere pan. Voeg toe aan het vlees, laat enkele minuten op smaak komen, en dien op.

bourgogne charolais
charolaise

With their unmistakeable white coats, Charolais cows take their name from the town of the same name in the Saône-et-Loire department. While in the past this breed was used for work, it is now prized both for its reproductive capacity and meat (with an excellent yield of 60% when butchered). The town of Charolles is home to the Maison du Charolais: an interactive museum conceived and designed to present the homeland of the Charolais cow. Aside from the museum there is also the Charolais Institute, set up in 1995 with the aim of promoting Charolais beef with events, initiatives with restaurateurs, guided tasting sessions and information on the nutritional and sensory properties of this meat.

Het koeienras Charolaise met de onmiskenbare witte vacht dankt zijn naam aan de gelijknamige gemeente in het departement van Saône en Loire. In vroegere tijden werden de dieren gebruikt voor het werk op het land, maar tegenwoordig is het ras zeer gewild vanwege de fokeigenschappen en het vlees (de opbrengst bij het slachten is hoog, soms wel tot 60%). In de gemeente Charolles is het Maison du Charolais gesticht, een interactief museum bedacht en opgezet om bezoekers het land van de Charolaise-koe te laten ontdekken. Naast het museum is ook het Charolais-instituut het vermelden waard; dit instituut werd opgericht in 1995 om het vlees van de Charolaise-koe te promoten met manifestaties, evenementen in samenwerking met restauranthouders, proefevenementen en informatie over de voedingswaarde en smaakeigenschappen van dit vlees.

poultry from burgundy igp
pluimvee uit bourgogne igp

When travelling around Burgundy, it is not unusual to see partridges, ducks, quail, turkeys or geese sitting in the shade under trees. These are *Volailles de Bourgogne IGP*, reared in the open, in pens with at least 2 metres of space per bird or even completely free range. Mostly raised on cereals or vegetable proteins (soya and peas), they are left to grow almost twice as much as standard poultry to create tastier, more tender but also more compact meat. Turkeys, partridges, capons, ducks and geese are the most sought after, and are used in elaborate recipes with various kinds of stuffing (chestnut, truffle, dried fruit and so on) for winter festivities. They are sold plucked, whole (with or without the head) or ready-jointed and vacuum-packed.

Wie wel eens langs de wegen van de Bourgogne heeft gereisd, zal ze ongetwijfeld tegen zijn gekomen in de schaduw van de bomen; patrijzen, eenden, kwartels, kalkoenen en ganzen. Dit is het Volailles de Bourgogne IGP*, het scharrelpluimvee dat in de openlucht wordt gefokt in reservaten met ruimtes van 2 meter per beest of zelfs helemaal onbeperkte vrijheid. De dieren worden grotendeels gevoerd met granen en plantaardige proteïnen (soja en erwten), zodat ze het dubbele groeien van ander pluimvee en het vlees smaakvoller, malser en tegelijkertijd compacter is. Kalkoen, patrijs en patrijzenkapoen, eend en gans zijn het meest gewild. Hiermee worden de rijkste en meest uitgebreide gerechten voor de feestdagen bereid, met allerlei vullingen van kastanjes, truffels, noten, enz.. In de handel geplukt en aan een stuk verkrijgbaar (met of zonder kop) of al voorgeselecteerd en vacuumverpakt.*

haan in rode wijnsaus chicken in red wine

1 chicken about 1.5 kg, 1 bottle red wine, 150 g cured pork fat, 250 g mushrooms, 5 cl cognac, 12 white baby onions, 3 cloves garlic, 2 carrots, 1 bouquet garni, flour, butter, sunflower oil, salt, pepper

Chop the chicken into 8 pieces. Put them in a dish with the carrots, peeled and chopped, the garlic and the bouquet garni. Pour in the wine and a drizzle of oil. Cover with cling film and marinate for 12 hours. Drain the meat and the vegetables, filter the wine and set aside. Melt a teaspoon of butter, brown the meat, pour in the cognac and flambé it. Add the vegetables from the marinade, dust with flour, stir and pour in the filtered wine. Season with salt and pepper. Cover and cook for 2 hours. Stew the baby onions and cook the mushrooms with the butter and lemon juice. Blanch the pork fat. Place the meat in a serving dish with the baby onions, mushrooms and pork fat. Strain the cooking liquid, reduce and thicken with some flour. Stir and pour the sauce over the serving dish.

1 haan van 1,5 kg, 1 fles rode wijn, 150 gr spek, 250 gr champignons, 5 cl cognac, 12 witte uien, 3 teentjes knoflook, 2 wortels, 1 bouquet garni, bloem, boter, zonnebloemolie, zout, peper

Snijd de haan in 8 stukken. Doe het vlees in een kom samen met de geschilde en gesneden wortel, de knoflook en het bouquet garni. Schenk de wijn en wat olie erbij. Dek af met plasticfolie en laat 12 uren marineren. Schep het vlees en de groenten uit de wijn, zeef de wijn en zet die opzij. Smelt een klontje boter, braad het vlees aan, schenk de cognac erbij en flambeer. Voeg de groentjes van de marinade toe, sprenkel wat bloem erbij, roer en schenk dan de gezeefde wijn erbij, met zout en peper naar smaak. Dek af en laat 2 uren koken. Stoof de uien, bak de champignons met de boter en wat citroensap. Pocheer het spek. Verdeel het vlees over de borden, samen met de uien, de champignons en het spek. Filter het kookvocht van het vlees, kook het in en verdik het met een beetje bloem. Roer en schenk deze saus over het vlees en de groentjes.

burgundy mustard igp
mosterd uit bourgogne igp

The various stages that go into making *Moutarde de Bourgogne IGP* are reminiscent of the preparation of a magic potion – a potion made of ground mustard seeds (*Brassica juncea* with a brown seed coat, *Brassica juncea* with a yellow seed coat and *Brassica nigra* with a black seed coat) cultivated in the four departments of the Burgundy region. The powder is combined with a mixture of water and AOC dry white wine (Aligotée or Chardonnay), produced exclusively in Burgundy, along with salt, sugar, spices and additives. The first stage is completed when the resulting paste is sieved. Then there is a resting stage, preserving, conditioning and packaging into terracotta or glass pots. The end result is the classic creamy yellow Moutarde de Bourgogne IGP, characterised by a distinctive flavour with a varying degree of bite. Depending on whether it is strong or extra-strong, the mustard can be savoured with vegetable dishes, fish or meat.

De verschillende stappen in het maken van Moutarde de Bourgogne IGP *doen wel denken het brouwen van een toverdrank. Men begint met gemalen mosterdzaadjes (van de soorten* Brassica juncea *met bruine schil,* Brassica juncea *met gele schil, en* Brassica nigra*) die afkomstig zijn uit de vier departementen van de Bourgogne; vervolgens wordt hieraan een vloeistof toegevoegd die bestaat uit water en droge witte AOC-wijn (Aligotée of Chardonnay), enkel afkomstig uit de Bourgogne. Tot slot volgen zout, suiker, kruiden en additieven. Deze eerste stap wordt afgesloten met het zeven van de mosterdpasta. Dan volgt de rustfase waarin de mosterd wordt geconserveerd, afgewerkt en verpakt in potjes van aardewerk of glas. Het eindresultaat is de klassieke Moutarde de Bourgogne IGP met de gele kleur, smeuïge consistentie en typische, min of meer pikante smaak. De twee variëteiten, sterk of extra sterk, kunnen worden gebruikt bij vlees- en visgerechten en bij groentjes.*

bourgogne
mayonaise mayonnaise

mayonnaise

1 egg yolk, 120 ml olive oil,
1/2 teaspoon mustard,
1 teaspoon vinegar, salt, pepper

For successful mayonnaise, all the ingredients must be at the same temperature. Put the egg yolk, mustard, a pinch of salt and pepper and a few drops of oil into a high-sided bowl. Mix using a whisk, fork, or electric beater. Slowly pour in the oil, mixing continuously in the same direction, until the sauce becomes quite thick. Once all the oil has been used up, the vinegar can be added, mixing continuously, and if needed, more salt and pepper.

1 eierdooier, 120 gr olijfolie, 1/2 theelepel mosterd, 1 theelepel azijn, zout, peper

Voor het beste resultaat is het belangrijk dat alle in-grediënten dezelfde temperatuur hebben. Doe de dooier, de mosterd, een snuifje zout en peper en en-kele druppels olijfolie in een diep bord. Klop de dooier los met een vork of garde, of gebruik een elektrische mixer. Schenk in een dun straaltje en aldoor rechtsom kloppend de olie erbij tot er een dikke saus ontstaat. Wanneer alle olie is toegevoegd kan de azijn erbij, en eventueel naar smaak nog wat zout en peper.

blackcurrant cream from burgundy aoc
zwarte bessen crème uit bourgogne aoc

bourgogne

The modern version of this liqueur was first made in Burgundy around the mid 19th century. Produced exclusively in Dijon, *Crème de Cassis de Bourgogne AOC* is made in different stages: after the harvest and selection of the blackcurrants, of the Burgundy Black variety (harvested only in the Côte d'Or), the fruit is soaked in alcohol for at least three months, and pumped over repeatedly. The first racking produces *jus vierge*, then the blackcurrants are covered in a mixture of alcohol and water, which once racked gives a second juice known as *récharge*. The last racking gives a third kind of juice called *lavasse*. These different juices are then mixed with sugar, which by law must be at least 40% (400 g per litre), and water. This liqueur is known above all as an ingredient of various different cocktails, such as Kir, Kir Royale, Red Eagle, Summertime and more.

Deze likeur duikt voor het eerst in zijn moderne vorm op in de Bourgogne omstreeks het midden van de negentiende eeuw. De productie van de Crème de Cassis de Bourgogne AOC *die alleen maar in Dijon plaatsvindt, omvat verscheidene stappen: het plukken en selecteren van de bessen (de soort is de zwarte bes uit de Bourgogne, die alleen voorkomt in de Côte d'Or-regio) en het weken van de bessen in alcohol gedurende een periode van minimaal 3 maanden, met regelmatige remontage. Na de eerste keer afgieten, wat* jus vierge *oplevert, worden de bessen bedekt met een mengsel van alcohol en water, wat na het afgieten de tweede component genaamd* récharge *oplevert. Na de derde keer afgieten heeft men een sap dat* lavasse *wordt genoemd. Deze drie componenten wordt vervolgens gecombineerd met water en suiker (het wettelijk bepaalde suikerhalte moet minstens 40%, oftewel 400 gr per liter zijn). Deze likeur is vooral bekend omdat hij gebruikt wordt in de bereiding van beroemde cocktails als de Kir, de Kir Royale, de Red Eagle, de Summertime...*

franche comté

F orests, mountains like the Jura range, rivers, waterfalls (including the beautiful one at Hérisson in Jura) and alpine pastures are the main attractions of this region, a popular destination for nature lovers and foodies alike. It is home to some of France's most prestigious cheeses, like Comté, Morbier and Bleu de Gex Haut-Jura, all made with milk from the distinctive red pied Montbéliarde cows. The Jura department is also known for its wines, including Château-Chalon, Côtes de Jura and Arbois (with the renowned Vin Jaune, which is barrel-aged for 6 years and 3 months and bottled in a special 62 cl bottle called a Clavelin). Doubs offers Mont d'Or and speciality cured meats like Morteau and Montbéliard sausage, while the Belfort department is known for its Miel de Sapin des Vosges. All in all, Franche-Comté has something to offer even the most discerning food tourist in search of local specialities.

Bossen, bergachtige gebieden zoals het Juramassief, rivieren, watervallen (vooral die van Hérisson in de Jura is de moeite waard) en alpenweiden zijn de voornaamste attracties van deze regio, en daarom een zeer geliefde bestemming voor zowel natuurliefhebbers als bewonderaars van de Franse keuken. Hier komen namelijk enkele van de vermaardste Franse kazen vandaan, zoals de Comté, de Morbier, de Bleu de Gex Haut-Jura, allemaal gemaakt op basis van koeienmelk van het Montbéliarde ras, herkenbaar aan de roodgevlekte vacht. Het departement Jura is ook beroemd om haar wijnen en namen als Château-Chalon, Côtes de Jura, Arbois (de beroemde Vin Jaune moet 6 jaar en 3 maanden op vat rijpen en wordt gebotteld in een bijzondere fles van 62 cl die Clavelin heet). Uit Doubs komt de Mont d'Or kaas en heerlijke vleeswaren als de worsten uit Morteau en Montbéliard, terwijl het departement Belfort bekend staat om de Miel de Sapin des Vosges. Kortom, Franche-Comté kan ook de meest veeleisende gastronomische toerist op diens wenken bedienen met haar uitstekende streekproducten.

comté aop
comté aop

If you're a fan of *Comté AOP* you should know never to expect exactly the same flavour twice. This variety depends on the production area (Franche-Comté, Rhone Alpes and Burgundy), the hand of the cheese maker, and above all on the place where the cheese matures, whether in a warm or cold cellar, and how long it is aged for, from a minimum of 4 to a maximum of 24 months. A pressed cooked cheese in the Gruyère family, Comté AOP is cylindrical in shape, weighs 30–48 kg, and has a diameter of 50–75 cm. It has small, irregular holes, a yellowish colour and a creamy consistency, while the rind is slightly rough and yellow to brown in colour depending on age. The length of ageing also determines the flavour: summer Comté has a fruitier flavour, while the winter cheese is nuttier. It is sold whole, sliced or grated, and can be eaten simply on bread, or in all recipes that call for a cheese that melts easily.

Liefhebbers van Comté AOP *weten het waarschijnlijk al: telkens wanneer men deze kaas eet, heeft hij een andere smaak. Dit komt door de verschillende productiegebieden (Franche-Comté, Rhône-Alpen en Bourgogne), door de hand van de kaasmaker en vooral van de plek waar de kaas is gerijpt (warme of koude kelders) en de rijpingsduur (van 4 tot 24 maanden). De kaas, waarvan de wrongel wordt verwarmd en dan geperst, behoort tot de Gruyère familie. Hij heeft een cilindervorm van 50-75 centimer met een gewicht van 30-48 kg, kleine onregelmatige gaatjes, een kleur die naar geel neigt en een smeuïge consistentie. De korst is licht geruwd met een kleur die gaat van geel tot bruin al naar gelang de rijpheid. De rijpheid is ook de bepalende factor in de smaak: een fruitige smaak bij de zomerse Comté en een notige smaak voor de winterse kaas. In de winkel is de kaas als stuk, als plakjes en geraspt te krijgen. Heerlijk met een snee brood en in alle recepten waarin makkelijk smeltbare kaas nodig is.*

franche-comté

château chalon aoc
château chalon aoc

château chalon aoc

This is the most famous of the six AOC wines of the Jura region. The Savagnin grape variety is used to make the extraordinary Vin Jaune (yellow wine), also known as the Gold of Jura, one of the most highly regarded wines in the world. The grapes, harvested late, are aged in small oak barrels for at least 6 years and 3 months (though the older generation maintains that this 'devilish' wine should age for at least 6 years, 6 months and 6 days). The slightly porous oak barrels used are not completely airtight, and around 40% of the wine therefore evaporates (the so-called angel's share). No topping up is done, enabling a thick layer (*voile*) of yeast to develop on the surface of the wine which prevents excessive oxidation. Thanks to this aging method, the wine acquires its distinct flavours of walnut, almond, spices and apple before release. This unique wine is bottled in a unique short, squat bottle called a *Clavelin*, with a capacity of 0.62 litres. Vin Jaune de Château-Chalon is undoubtedly one for sophisticated connoisseurs.

*Dit is de beroemdste van de zes AOC-wijnen afkomstig uit de Jura. De savagnin-druif is de basis voor een uitstekende Vin Jaune (Gele Wijn) die ook wel bekend is als het Goud van de Jura, één van de meest gewaardeerde wijnen ter wereld. De laat geoogste druiven laat men minstens 6 jaar en 3 maanden gisten in kleine eikehouten vaatjes (er zijn oudgedienden die beweren dat deze "diabolische" wijn minstens 6 jaren, 6 maanden en 6 dagen op vat moet gisten). De vaatjes zijn poreus en niet hermetisch afgesloten, zodat circa 40% verdampt (het "engelendeel"), een gedeelte dat niet wordt bijgevuld om het onstaan te bevorderen van een laagje (*voile*) gist op de wijn die overdadige oxidatie tegengaat. Door deze manier van verouderen krijgt de wijn al in het gistvat zijn karakteristieke toetsen van walnoot, amandelen, kruiden en appel. De uniekheid van deze wijn is ook te merken aan de* Clavelin*, de korte en gedrongen fles voor deze wijn met een inhoud van 0,62 liter. De Gele Wijn van Château-Chalon is een wijn voor echte kenners.*

bleu de gex haut-jura aop

bleu de gex haut-jura aop

This blue-veined cow's milk cheese dates back to the 14th century, when it was created by monks who settled in the Abbey of Saint Claude in the Upper Jura. Now it is made in the Ain and Jura departments of the Franche-Comté and Rhone Alpes regions. Many of the stages in the making of *Bleu de Gex Haut-Jura AOP*, like the cutting and brushing of the curd, wrapping in jute or linen cloths, and dry salting in vats, are still carried out by hand, following the traditional methods. Another distinctive thing about this cheese is that it ages for at least three weeks in cool, damp cellars. Blue de Gex Haut-Jura presents convex sides, with a thin, yellowish rind and a white interior with blue-green veining due to the addition of penicillin to the milk and the insertion of air into the cheese during ageing. It is a typical table cheese that is also used in dishes like raclette.

Deze blauwschimmelkaas heeft zijn wortels in de dertiende eeuw, dankzij het werk van enkele monniken die hun intrek namen in de abdij van Saint Claude in de Jura. Tegenwoordig wordt de kaas van koemelk gemaakt in de departementen Ain en Jura in de regio's Franche-Comté en Rhône-Alpen. Veel van de stappen in het maken van Bleu de Gex Haut-Jura AOP, zoals het snijden van de wrongel, het overbrengen van de wrongel in jute of linnen doeken, het droge zouten in wijnvaatjes, worden nog allemaal met de hand en op traditionele wijze gedaan. Een andere bijzonderheid van deze kaas is dat de rijping van minstens 3 weken plaatsvindt in koele en vochtige kelders. De Blue de Gex Haut-Jura heeft ingedeukte zijdes, een dunne geelgekleurde korst, een witte kaasmassa met blauwgroene aderen veroorzaakt door de aan de melk toegevoegde blauwe schimmel en de lucht die tijdens het rijpen wordt ingebracht. Dit is een typische kaas voor op tafel en onderdeel van karakteristieke gerechten als de raclette.

côtes de jura aoc
côtes de jura aoc

Established in 1937, this is the largest appellation in the Jura area and the second largest in production terms (around 26,300 hl per year). It currently groups 150 communes (the most representative being Arlay, Beaufort, Buvilly, Gevingey, Lavigny, Mantry, Passenans, Poligny, Rotalier, Saint-Lothain, Toulouse-le-Château, Le Vernois, Vincelles and Voiteur) with a total of 640 hectares of vineyards running from north to south and marked differences in terms of varieties. The *Côtes de Jura AOC* appellation includes white wines (Chardonnay and Savagnin, and assemblages of Chardonnay and Savagnin), red wines (Poulsard, Pinot Noir and Trousseau) and rosé (Poulsard). The most popular are, however, Côtes de Jura Blanc made from Chardonnay grapes, which makes a perfect aperitif or accompaniment to hot starters with fish or white meat, and Côtes de Jura Blanc made from Savagnin grapes, which is excellent served with white meat main courses. Both wines can be cellared for 10 to 40 years.

Dit is het grootste wijngebied uit de Jura, geboren in 1937 en op de tweede plaats in termen van productie (circa 26.300 hl/jaar). Tegenwoordig omvat het gebied 105 gemeenten (de meest representatieve zijn: Arlay, Beaufort, Buvilly, Gevingey, Lavigny, Mantry, Passenans, Poligny, Rotalier, Saint-Lothain, Toulouse-le-Château, Le Vernois, Vincelles en Voiteur) verspreid over een oppervlak van in totaal 640 hectare wijngaarden die zich uitstrekken van noord tot zuid, met aanzienlijke verschillen tussen de wijnsoorten. De Côtes de Jura AOC omvat witte wijnen (van de soorten chardonnay, savagnin en samenstellingen van die twee), rode wijnen (van de soorten poulsard, pinto noir en trousseau) en roséwijnen (van de poulsard-druif). De wijdverbreidste wijnen zijn echter Côtes de Jura Blanc van chardonnay-druiven, perfect bij het aperitief, met warme voorgerechten met vis of wit vlees, en Côtes de Jura Blanc, van savagnin-druiven, die heel goed geserveerd kan worden bij vleesgerechten met wit vlees. Beide wijnen kunnen tussen de 10 en 40 jaren worden bewaard.

kirsch from fougerolles aoc
kirsch uit fougerolles aoc

Fougerolles is an enchanting place in the Haute-Saône department which is known as the cherry town (there are around 20,000 cherry trees in the area). It is the French capital of Kirsch, the spirit made from cherries which can be up to 50% ABV. To make this liqueur, ripe cherries are harvested and then fermented with the broken cherry stones. The next stage involves a double distillation (sometimes with the addition of sugar to increase the percentage of alcohol). The resulting spirit is then put in barrels to age. It takes nine kilos of cherries to make one litre of 50% ABV Kirsch (in the best years around 800 tonnes are harvested, in bad years, 150). In May 2010, after a long wait, *Kirsch de Fougerolles* was finally granted AOP status. It is used in cooking to make fruity desserts.

Fougerolles is een betoverend plaatsje in het departement Haute-Saône, bekend als de stad van de kersen (met wel 20.000 bomen verspreid over het gebied) en ook als de Franse hoofdstad van de Kirsch, een eau-de-vie gemaakt van kersen met een alcoholpercentage dat kan oplopen tot 50%. Bij het maken van deze likeur laat men rijpe kersen fermenteren samen met de fijngehakte kersenpitten. Vervolgens wordt het sap dubbel gedistilleerd (af en toe wordt er suiker toegevoegd om het alcoholpercentage te verhogen). Het gedistilleerd laat men vervolgens in vaten rijpen. Voor een liter Kirsch met een alcoholpercentage van 50% zijn 9 kg kersen nodig (in de goede jaren kan de oogst oplopen tot 800 ton, in magere jaren is de opbrenst maar 150 ton). Na vele jaren wachten heeft Kirsch de Fougerolles in 2010 het AOP-merk weten te bemachtigen. In de keuken wordt Kirsch vooral gebruikt bij de bereiding van fruitdesserts.

mont d'or aop
mont d'or aop

Mont d'Or AOP takes its name from the highest peak in the Doubs department, where the herds are taken to pasture in the summer. It is a soft cow's milk cheese produced only between 15 August and 15 March, and sold in a distinctive pine box – the same wood that is used for the moulds that shape the curd, and the beams it matures on for at least 21 days. It is soft, creamy and slightly salty, ivory coloured on the inside and with a washed yellowy-brown rind. Round in shape, it has an acidic flavour with a grassy aftertaste. It is sold in forms that weigh from 480 g to a maximum of 3.2 kg. Cheese lovers enjoy savouring it cold, in spoonfuls, straight from the box, or hot, again still in its box, served with Morteau sausages.

Mont d'Or AOP *neemt de naam van de hoogste top in het departement Doubs waar de kuddes op de alpenweiden grazen tijdens de zomer. Deze zachte kaas van koemelk wordt alleen maar gemaakt in de periode van 15 augustus tot 15 maart. Het opmerkelijkste detail van de Mont d'Or is zijn verpakking, een doosje van sparrenhout, het hout dat ook wordt gebruikt voor de kaasvormen waarin de wrongel wordt gedaan en voor de balken waarop de kaas minstens 21 dagen moet rijpen. De kaas is zacht en smeuïg, licht gezouten en ivoorkleurig, cilindervormig en met een gewassen geelbruine korst. De smaak is zurig met een grasachtige nasmaak. In de winkel is de kaas te vinden in verpakkingen van 480 gr tot een maximum van 3,2 kg. Voor de liefhebbers is het een genot om de kaas koud met een lepel direct uit de verpakking te eten. Maar de kaas kan ook warm gegeten worden, altijd in zijn doosje, vooral samen met de worsten uit Morteau.*

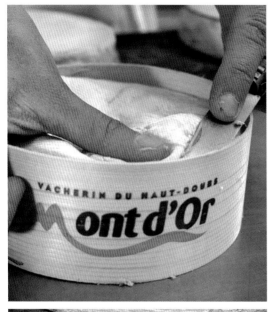

morteau sausage igp
morteau-worst igp

The departments of Doubs, Jura, Haute-Saône and Belfort are the heartland of *Saucisse de Morteau IGP*. These sausages are not complicated: at least 65–85% lean pork (ham, shoulder, breast, etc.) is roughly chopped, along with pork fat. Then salt and spices are added (pepper, cumin, etc.) and the resulting mixture is stuffed into a natural gut casing, which is sealed at one end with string and, at the other, almost always with a small wooden stick. The sausages are then dried in dedicated rooms and smoked. This is the only delicate stage, and only conifer wood can be used to lend them their distinctive flavour. If Saucisse de Morteau is not bought ready-cooked then it should be briefly cooked in boiling water. It can be eaten as an aperitif, as a main course by itself or accompanied by piping hot potatoes dressed with cheese and onions.

In de departementen Doubs, Jura, Haute-Saône en Belfort ligt het "hart" van de productie van de Saucisse de Morteau IGP. Het maken van deze vleeswaar is niet zo ingewikkeld: allereerst prepareert men de vulling door mager varkensvlees (ham, schouder, borst) grof te malen samen met het spek (ook weer van het varken). Het vleesgehalte moet minstens 65-85% bedragen. Hieraan worden zout en kruiden toegevoegd (peper, komijn…) en met dit mengel worden natuurlijke omhulsels gevuld. De worst wordt aan de ene kant dichtgebonden en aan de andere kant meestal afgesloten met een stokje. Dan begint het drogingsproces in geschikte plekken gevolgd door het roken. Dit is een delicate stap waarbij er alleen maar coniferenhout wordt gebruikt, wat de oorsprong is van de speciale smaak. Een enkele opmerking: wanneer men Saucisse de Morteau koopt die niet is voorgekookt, dan moet men de worst altijd eerst even koken in water. Lekker bij het aperitief, als op zichzelf staand hoofdgerecht, of gecombineerd met dampende aardappelen bestrooid met kaas en ui.

arbois aoc
arbois aoc

arbois aoc

The wine of Arbois was famous as far back as the 8th century, thanks to the Count of Chiny, and its renown led it to being granted the first AOC in France (15 May 1936). Arbois means 'fertile land' and this is indeed the number one appellation in the Jura area (45,000 hl per year). Seventy per cent red wine and 30% white wine is produced on a total of 843 hectares in 13 communes (Abergement-le-Grand, Arbois, Les Arsures, Les Planches-près-Arbois, Mathenay, Mesnay, Molamboz, Montigny-lès-Arsures, Pupillin, Saint-Cyr-Montmalin, Vadans and Villette-lès-Arbois). *Arbois AOC* wines have a marked fruity flavour and are well suited to creamy sauces and poultry. There is also a little-known fact about Arbois: it became famous thanks to the scientist Louis Pasteur, who spent his early years here before moving to Besançon. His house can still be visited.

De wijn Arbois was dankzij de graaf van Chiny al beroemd aan het eind van de dertiende eeuw. Door deze bekendheid door de eeuwen heen heeft de Arbois het uiteindelijk tot de eerste Franse AOC-wijn gebracht (op 15 mei 1936). Arbois betekent "vruchtbaar land" en het is de voornaamste wijn in de Jura in termen van productie. 45.000 hl/jaar met 70% rode wijnen en 30% witte wijnen (chardonnay, vin jaune en vin de paille), verdeeld over 13 gemeenten (Abergement-le-Grand, Arbois, Les Arsures, Les Planches-près-Arbois, Mathenay, Mesnay, Molamboz, Montigny-lès-Arsures, Pupillin, Saint-Cyr-Montmalin, Vadans en Villette-lès-Arbois), voor een totaal van 843 hectare. De AOC-wijnen van Arbois hebben een sterke fruitige smaak die goed samen gaat met gebonden sauzen en pluimvee. Een leuk weetje over de stad Arbois is dat de plaats beroemd is geworden door de wetenschapper Louis Pasteur die hier een aantal jaren leefde voordat hij naar Besançon verhuisde. Men kan tegenwoordig een bezoekje te brengen aan zijn woning.

pralines
pralines

Chocolate making in France dates all the way back to the 17th century, when the first chocolatier appeared in the town of Bayonne. France also boasts an important first when it comes to chocolate, with the invention of the praline, or filled chocolate bonbon. Legend has it that a pâtissier in the employ of the aristocratic Gabriel de Choiseul di Plessis-Praslin, attempting to remedy problems with a caramelised almond, came up with the idea of creating chocolate-covered sweets. In honour of Praslin castle, this was the birth of the praline: individual chocolates with a range of different fillings including almond, hazelnut, aniseed, or cream fillings flavoured with liqueur or coffee. Pralines can be made using dark chocolate (with different types of cocoa), milk chocolate or white chocolate, with pretty decorations on the surface.

Frankrijk kan bogen op een rijke traditie in chocolade die teruggaat tot de verschijning van de eerste chocolatier in het stadje Bayonne in de zeventiende eeuw. Maar Frankrijk kent nog een andere primeur, namelijk de uitvinding van de overheerlijke praline. De legende vertelt dat een patissier in dienst van de edelman Gabriel de Choiseul van Plessis-Praslin het geniale idee had om een mislukte gekarameliseerde amandel te gebruiken voor een zoetigheid bedekt met chocolade. Dat was de geboorte van de praline, ter ere van het kasteel van Praslin: de overheerlijke bonbons met vele vormen, gevuld met amandel, hazelnoot, anijs of crème op basis van likeur of koffie. De buitenkant van de praline kan gemaakt zijn van pure chocolade (van verschillende cacaosoorten), melkchocolade of witte chocolade, en de oppervlak versierd met gracieuze decoraties.

morbier aop
morbier aop

If asked to identify *Morbier AOP* from among a selection of slices of cheese, there would be no problem: it would be the only slice with a black stripe running through the centre. This distinctive feature is created by inserting a layer of charcoal ash between the two halves of the curd before it is pressed into its cylindrical shape. With convex sides, the forms are 30–40 cm in diameter and weigh 5–8 kg. Produced in the Franche-Comté region (the Doubs and Jura departments, apart from the canton of Chemin), Rhone Alpes (the Ain department) and Burgundy (the Sâone and Loire departments), it has a smooth rind which varies from light grey to orange in colour, a soft, creamy consistency and a marked flavour. It is excellent on the cheese board, accompanied by home-made bread and a glass of Arbois, or as an ingredient in raclette or tasty quiches.

Als men zou moeten raden welke van een stapeltje kaasplakjes de Morbier AOP was, dan zou dat niet zo moeilijk zijn, omdat Morbier de enige kaas is met een zwarte streep in het midden. Dit bijzondere detail komt door de toevoeging van natuurlijke houtskool tijdens de eerste persfase aan de twee stukken wrongel die samen de cilindervorm met de ingedeukte zijkant vormen. Het eindresultaat heeft een gewicht van 5-8 kg en een doorsnee van 30-40 centimeter. Deze kaas, gemaakt in de regio's Franche-Comté (departementen Doubs en Jura, met uitzondering van die van het kanton Chemin), Rhône-Alpen (departement Ain) en Bourgogne (departementen Saona en Loire), heeft een gladde korst met een kleur die gaat van lichtgrijs tot oranje. De kaasmassa is zacht en smeuïg en de smaak zeer typisch. De kaas is goed te combineren met een mooi glas Arbois en wat brood na de maaltijd, of als ingrediënt bij raclette en lekkere hartige taarten.

franche-comté
cancoillotte cancoillotte

1 tub Cancoillotte (200 g), homemade bread

Cancoillotte can be savoured spread on slices of bread, as they do in Franche-Comté. It is ideal for a quick break, excellent as an afternoon snack and irreplaceable at breakfast. If preferred, it can be melted in the traditional fondue dish placed over a small burner. Try dipping bread fingers into melted Cancoillotte. It can be used, melted, to flavour steamed or baked potatoes, green salad, Morteau sausage, or to give a new twist to omelettes or any cooked vegetables (broccoli, cauliflower, carrots, peas and so on). There are many different varieties available: not only plain but also flavoured with butter, garlic, pink garlic, garlic and herbs, shallots, white wine, kirsch, walnuts and ham.

1 potje Cancoillottekaas van 200 gr, grof brood

Cancoillotte kunt u smeren op een snee lekker grof brood, op de in Franche-Comté gebruikelijke wijze. Het is ideaal als tussendoortje en heerlijk aan het ontbijt. Eventueel kunt u de kaas smelten in een fonduepannetje met een van die typische rechauds. Snijd het brood in reepjes en doop het in de gesmolten Cancoillotte. De kaas is ook heel geschikt om te smelten over aardappels, gestoomd of uit de oven, over sla, of Morteauworst. Gebruik hem ook om eens een extra dimensie te geven aan een omelet of gekookte groentjes in het algemeen (broccoli, bloemkool, wortel, erwtjes…). In de winkel is de kaas niet alleen au naturel te vinden, maar ook met boter, knoflook, roze knoflook, knoflook en fijne kruiden, sjalot, witte wijn, kirsch, walnoten en ham.

l'etoile aoc
l'etoile aoc

franche-comté

Made in four communes (L'Étoile, Plainoiseau, Quintigny and Saint-Didier in the Franche-Comté region), this white wine's celestial appellation comes from the star shape formed by the five hills around the village. It is also known as *vin de paille* (straw wine) because in the past the ripe Chardonnay, Savagnin and Poulsard grapes were laid out on straw mats to dry. This procedure, now carried out using metal racks in airy but unheated rooms, has the result of concentrating the natural sugars in the fruit. The grapes are crushed between the end of December and the end of February, at which point the slow fermentation process begins. The wine is aged in small barrels for at least three years. L'*Étolie AOC* is held by connoisseurs to be a kind of elixir for long life, characterised by notes of dried fruit and honey. It should be served at a temperature between 6° and 8° C and is well suited to foie gras, blue cheeses and desserts, including those with chocolate.

Deze witte wijn wordt gemaakt in vier gemeenten (L'Étoile, Plainoiseau, Quintigny en Saint-Didier in Franche-Comté); de "hemelse" naam is afkomstig van de stervorm die gevormd lijkt te worden door de vijf heuvels rondom het kleine dorpje. Bij deze zogenaamde vin de paille *(strowijn) liet men vroeger de rijpe chardonnay-, savagnin- en poulsard-druiven uitdrogen op een bed van stro (tegenwoordig roosters van ijzerdraad) in geventileerde maar niet verwarmde ruimtes om een natuurlijk suikergehalte te krijgen in de druiventrossen. Het persen van de druiven gebeurt tussen het einde van december en het begin van februari, waarop het langzame gistingsproces kan beginnen. De wijn laat men minstens drie jaar rijpen in kleine vaatjes. Kenners beschouwen* L'Étoile AOC *als een levenselixir dat de zinnen betovert met toetsen van gedroogd fruit en honing. De wijn dient geserveerd te worden op een temperatuur van 6°-8° C en hij gaat perfect samen met foie gras, schimmelkazen en desserts, ook die met chocolade.*

franche-comté
cancoillotte and morteau taart met cancoillotte

1 Morteau sausage, 500 g potatoes, 1 roll puff pastry, 1 egg, 400 ml single cream, 200 ml milk, 1 tub Cancoillotte (200 g), 1 onion, 1 clove garlic, nutmeg, dried thyme, butter, salt, pepper

Cook the sausage in boiling water for 30 minutes. Drain, cool and then slice. Peel and wash the potatoes then slice into rounds. Steam for 10 minutes. Beat the egg, cream, a grating of nutmeg, a pinch of thyme, salt and pepper in a bowl. Peel and chop the onion and the garlic and gently fry in a pan with a teaspoonful of butter. Roll the pastry out with a rolling pin and transfer to a round dish lined with greaseproof paper. Prick all over with a fork. Put the potatoes, the fried onion and garlic on the pastry. Pour in the egg and cream mixture, arrange the slices of sausage and top with the Cancoillotte. Bake in a preheated oven at 180 °C for 30 minutes.

1 Morteauworst, 500 gr aardappels, 1 rol bladerdeeg, 1 ei, 400 ml kookroom, 200 ml melk, 1 potje Cancoillotte (van 200 gr), 1 ui, 1 teentje, nootmuskaat, gedroogde tijm, boter, zout, peper

Kook de worst 30 minuten in kokend water. Laat hem uitlekken en afkoelen en snijd hem vervolgens in plakken. Schil en was de aardappels, snijd ze in schijfjes en stoom ze 10 minuutjes. Klop in een schoteltje het ei met de room, de melk, wat geraspte nootmuskaat, wat tijm, zout en peper. Laat in een steelpan de gesnipperde ui en knoflook met een klontje boter fruiten. Rol met een deegroller het bladerdeeg uit en beleg er een rond, met keukenpapier bekleed bakblik mee. Prik met een vork gaatjes in het deeg. Verdeel de aardappelschijfjes met de gefruite ui en knoflook over het deeg. Schenk het mengsel van ei en room erover, beleg met de plakjes worst en schenk er tot slot de Cancoillotte over. Bak 30 minuten in een voorverwarmde oven op 180 °C.

Poitou Charentes

The region of Cognac and Marenne Oléron oysters, Chabichou du Poitou cheese and Pineau des Charentes, Poitou-Charentes is undoubtedly one of France's most popular. The hills, meadows and woodlands of the Charente department offer many natural beauty spots, while the Atlantic coast of the Charente-Maritime department boasts great seaside resorts. There is no shortage of historic and artistic attractions either, with beautiful cities like Poitiers, La Rochelle and Saintes, the perfect places to discover local traditions and wonderful landscapes. As well as seafood, cheeses and spirits, Poitou-Charentes offers a wonderful range of sumptuous produce, like the Pomme de Terre de l'Île de Ré, wonderful in potato gateau and soups, and the succulent, aromatic Melon du Haut-Poitou. All that remains is to take a trip to this region to sample some of its traditional dishes, like Marenne oysters with Beurre Charentes-Poitou, another product of excellence from this abundant land.

D e regio van cognac en Marenne-Oléron-oesters, van Chabichou du Poitou-kaas en de wijn Pineau des Charentes, is zeker een van de meest bezochte streken van Frankrijk, zowel voor haar natuurschoon (denk aan de heuvels, weiden en bossen van het departement Charente) als voor de badplaatsen aan de Atlantische kust in het departement Charente-Maritime. Ook cultuurhistorisch gezien is er een breed aanbod, met mooie plaatsen als Poitiers, La Rochelle, en Saintes, die samen een ontdekkingstocht langs tradities en adembenemende landschappen bieden. Naast schelpdieren, kazen en sterkedrank is Poitou-Charentes qua eten en drinken ook rijk aan zeer gewilde producten van het land, zoals de Pomme de Terre de l'Île de Ré, ideaal voor hartige taarten en soepen, en de Melon du Haut-Poitou met het aromatische en sappige vruchtvlees. Er zit dus niets anders op dan op avontuur te gaan in deze streek en de karakteristieke gerechten te proberen, bijvoorbeeld de Marenne-oesters met Beurre Charentes-Poitou, en de vele andere uitstekende producten van deze veelzijdige regio.

chabichou from poitou aop
chabichou uit poitou aop

Legend has it that in the 8th century the Saracens introduced this cheese into the Poitou-Charentes region. This would account for the abbreviation of the name *Chabli*, from *chebli*, Arabic for goat. *Chabichou du Poitou AOP* is made exclusively with goat's milk from farms in the Deux-Sèvres, Vienne (west) and Charente (north) departments of Poitou-Charentes, the homeland of goat's cheese. Cylindrical in shape (6 cm high and also in diameter), and weighing 150 g, the forms age for 10 days in a drying room and present a white rind with surface moulds that can tinge it yellow or blue. When fresh, the cheese is soft, becoming crumbly when mature, with a delicate flavour that enhances the characteristics of the goat's milk. It is delicious *au naturel* as an aperitif or after a meal, accompanied by a slice of crusty bread, or with a fresh green salad.

Volgens de legende werd deze kaas in de achttiende eeuw in Poitou-Charentes geïntroduceerd door de Saracenen; de naam zou een variatie zijn op het woord Chabli, *van* chebli, *het Arabisch voor geit.* Chabichou du Poitou AOP *bestaat uit schapenmelk afkomstig van fokkerijen in de departementen Deux-Sèvres, Vienne (westen) en Charente (noorden) van Poitou-Charentes, het vaderland van de geitenkazen. De kaas heeft een cilindervorm (diameter en hoogte 6 cm), weegt 150 gr en na 10 dagen rijpen in de droogkamer heeft hij een korst die gewoonlijk wit is maar die door schimmel aan de oppervlak geel of blauw kan kleuren. Bij een verse kaas is de kaasmassa zacht, terwijl een rijpere kaas kruimelig wordt, met een delicate smaak die de geitenmelk goed tot zijn recht laat komen. De kaas is heerlijk om naturel te eten, of bij het aperitief, of na de maaltijd met een stuk geurig brood. Ook gecombineerd met een frisse groene salade is de kaas zeer lekker.*

marennes oléron oysters igp
marennes-oléronoesters igp

Huîtres Marennes Oléron IGP, oysters which were introduced into the Marennes Oléron basin in Charente-Maritime, were already known in Roman times. They are raised in special shallow basins known as *claires*, which communicate with the sea. This environment influences both the growth of the molluscs and their flavour. Huîtres Marennes Oléron are measured according to an index based on the ratio between the weight of the mollusc and that of the whole shellfish, and divided into the categories *fine de claire* (between 7 and 10.5), *spéciale de claire* (10.5 or over) and *spéciale pousse en claire* (12 or over). The first have a high water content and a delicate flavour, the second a rounder shape and a sweet flavour and the last are firm with a marked flavour. They are sold live, well-packaged in wooden baskets (*bourriches*), and indeed cannot be sold loose. Connoisseurs eat them raw, at the most with a squeeze of lemon juice.

Huîtres Marennes Oléron IGP *zijn oesters die werden geïntroduceerd in het bassin van Marennes Oléron, bij Charente-Maritime, een plek die al bekend was in de Romeinse tijd. Ze worden gekweekt in speciale bekkens,* claires *genaamd, die ondiep zijn en die in verbinding staan met de zee. Deze omgeving heeft een invloed op zowel de groei als de smaak van de Huîtres Marennes Oléron. De oesters worden onderverdeeld op basis van een indexcijfer dat de verhouding aangeeft tussen het gewicht van de zeevrucht en van de hele schelp. De oester* fine de claire *heeft een cijfer tussen 7 en 10,5 de* spéciale de claire *een cijfer dat gelijk is aan of groter dan 10,5 en de oester* spéciale pousse en claire *heeft een indexcijfer van 12 of hoger. Het eerste type bevat veel water en heeft een verfijnde smaak, het tweede, met een rondere vorm, heeft een zoete smaak en de laatste soort is krokant en met een sterke smaak. De oesters in de winkel leven nog en zijn verpakt in goed ingepakte houten kistjes (*bourriches*). Losse verkoop is verboden. Lekkerbekken eten de oesters rauw, met hooguit enkele druppels citroensap.*

oesters met champagne oysters and champagne

Belon or Marennes-Oléron oysters, champagne (or lemon wedges), crushed ice

Oysters are to be eaten only in the following months: February, March, April, September, October, November and December. They should be bought from a trustworthy fishmonger, and if not consumed immediately, they will keep in the fridge at 3 °C for up to 2 days. You will need an oyster knife and a steel mesh glove (or thick glove). Open the oysters (about a dozen per person) and place on a tray covered in crushed ice. Sprinkle with champagne or, if preferred, with squeezed lemon. Only eat the ones that contract. Suck out the oyster and swallow without chewing. Serve with ice cold champagne.

Belon- of Marennes-Oléronoesters, champagne (of stukjes citroen), gehakt ijs

Oesters kunnen gegeten worden in februari, maart, april, september, oktober, november en december. Koop de oesters bij een vertrouwde vishandelaar; wanneer ze niet meteen gegeten worden, kunnen de oesters 2 dagen bewaard worden in de koelkast (3 °C). Neem een oestermes en een oesterhandschoen (of iets anders stevigs om de oester mee vast te houden). Open de oesters (reken ongeveer een twaalftal per persoon) en leg ze op een schotel die bedekt is met gehakt ijs. Besprenkel de oesters met champagne of citroensap. Eet alleen de oesters die zich hebben samengetrokken. Slurp de zeevrucht van de schelp en slik door zonder te kauwen. Serveer de oesters met ijskoude champagne.

cognac aoc
cognac aoc

Produced from the wine of the crus around the town of Cognac, this high quality spirit boasts aromas, polish and above all allure that makes it unique around the world. Since 1909 the Cognac AOC production area has been regulated by the 'map of crus', divided into *Grande Champagne* (refined, light cognacs), *Borderies* (sweet, rounded cognacs), *Petite Champagne* (fine cognacs), *Fin Bois* (rounded, full-bodied cognacs), *Bon Bois* (rough, aggressive cognacs), and *Bois à Terroir* or *Bois Ordinaire* (ordinary cognacs). Cognac is distilled from September to March in bronze *Charentais* stills. The ageing process is the most important stage in production. When newly distilled, the cognac is known as 'Compte 00'; then one year later, the following April, it becomes 'Compte 0', then 'Compte 1', 'Compte 2' and so on up to 6. By law Cognac VS *(Very Superior)* or *Trois Etoiles* must be at least Compte 2, that is, aged for 3 years; *VSOP (Very Superior Old Pale)*, *VO (Very Old)* or *Réserve*, aged for 5 years (Compte 4); *Réserve*, *Extra*, *XO (Extra Old)* or *Cordon Bleu*, aged for at least 6 years (Compte 5); and *Napoléon*, aged for more than 6 years (Compte 6).

Het beste wijndistillaat verkrijgt het wereldwijd vermaarde en unieke aroma, de finesse en vooral de fascinatie van de cru rondom het stadje Cognac. Het gebied waar Cognac AOC *vandaan komt, is al sinds 1909 onderverdeeld volgens de "kaart der cru", die het gebied verdeelt in:* Grande Champagne *(geraffineerde en lichte cognac),* Borderies *(zoete en ronde cognac),* Petite Champagne *(fijne cognac),* Fin Bois *(ronde, lijvige cognac),* Bon Bois *(ruwere, agressievere cognac),* Bois à Terroir of Bois Ordinaire *(gewone cognac). Het distilleren van Cognac vindt plaats van september tot maart in koperen distilleerkolven die* Charentais *worden genoemd. De belangrijkste fase is het verouderen. Wanneer de cognac net is gedistilleerd wordt hij "Compte 00" genoemd, de daaropvolgende maand april "Compte 0", vervolgens "Compte 1,2,3..." tot aan 6. Bij wet moeten* Cognac VS (Very Superior) *of* Trois Etoiles *minstens Compte 2 hebben, dus 3 jaar oud zijn;* VSOP (Very Superior Old Pale), VO (Very Old) *of* Réserve *5 jaar (Compte 4);* Réserve, Extra, XO (Extra Old), Cordon Bleu, *minstens 6 jaar (Compte 5) en* Napoléon *meer dan 6 jaar (Compte 6).*

melon from haut-poitou igp
meloen uit haut-poitou igp

In 1856 an intuitive gardener realised that the Haut-Poitou area offered excellent terrain (chalky, clayey, well-aerated soil) for growing the *Charentais* yellow melon. Since then this cultivation has also extended to neighbouring regions like Centre and Pays de la Loire. *Melon du Haut-Poitou IGP* is only harvested once fully ripe, in the period from 1 July to 30 September. During the harvest an initial selection is carried out, while the second selection stage, according to size, takes place in the conditioning plant, where the fruit is taken to be packaged and sent to the warehouse within two days of harvesting. The Melon du Haut-Poitou IGP is round, slightly flattened at each end, with a green 'netted' skin. The dark yellow flesh is crunchy with a delicate, unmistakeable scent. The main characteristic of this fruit is its excellent preservability. Versatile in cooking, it can be used in both sweet and savoury recipes.

In 1856 kreeg een tuinman een ingeving toen hij zag dat de goed geventileerde kalk- en kleigrond van Haut-Poitou zeer geschikt was voor het verbouwen van de gele Charentais-*meloen. Het gebied werd sindsdien uitgebreid naar de naburige regio's Centre en Pays de la Loire. De* Melon du Haut-Poitou IGP *wordt geoogst wanneer hij op zijn rijpst is, in de periode die loopt van begin juli tot 30 september. Tijdens het oogsten vindt een eerste selectie plaats, terwijl de tweede selectie gebaseerd is op de gewichtsklasse van de meloen. In gekoelde ruimtes worden de meloenen verpakt en binnen 2 dagen na de oogst verscheept naar pakhuizen. De Melon du Haut Poitou IGP is rond, enigszins afgeplat aan de uiteinden, met een ruwe groene schil. Het donkergele vruchtvlees is stevig, met een delicate en onmiskenbare geur. Een van de pluspunten van dit fruit is dat het zeer lang houdbaar is. Daarbij is de meloen zeer veelzijdig en te gebruiken in vele gerechten, zowel zoet als hartig.*

poitou-charentes
meloncream meloencrème

1 Haut-Poitou melon, 100 g icing sugar,
juice of 1/2 lemon, 200 ml fresh cream

Cut the melon in half and remove the seeds and the rind. Put the pulp in a blender. Blend for about a minute on speed 2. Pour the melon mixture into a dish. Add 50g sieved sugar and the lemon juice. Beat with a whisk. In another bowl, whip the cream and add the rest of the icing sugar. Delicately fold the cream into the melon mixture, moving from the bottom to the top. Pour the cream into dessert bowls and decorate, as desired, with strawberries.

1 meloen uit Haut Poitou, 100 gr poedersuiker,
sap van 1/2 citroen, 200 ml crème fraîche

Snijd de meloen door de helft en verwijder de schil en de zaden. Doe het vruchtvlees in een keuken-machine. Pureer het vruchtvlees ongeveer een mi-nuut op de tweede stand. Schenk de crème over in een kom. Voeg 50 gr gezeefde poedersuiker en het citroensap toe. Klop met een garde. Klop in een an-dere kom de room samen met de overgebleven poe-dersuiker. Spatel de room zorgvuldig door de meloencrème, van beneden naar boven werkend. Schenk de crème in kopjes en decoreer naar smaak met aardbeien.

walnuts from the périgord aop
walnoten uit de périgord aop

Fresh or dried? A healthy food packed with minerals and fatty acids, *le Noix du Périgord AOP* suit all tastes, from those who prefer them just picked, when they have a bitterish flavour, to those who enjoy the sweeter taste once naturally or hot air dried. These walnuts are grown in 612 communes of the Poitou-Charentes, Midi-Pyrénées and Aquitaine regions, which provide the ideal damp terrain for the *Juglans regia* plant. The Marbot and Franquette varieties (28 mm or larger) are eaten fresh, while the Marbot, Franquette and Corne varieties (the nut of which must be over 8 mm), can be dried. The fresh nuts should be eaten soon after picking, while the dried version keep for up to a year and are more versatile in cooking, being used in salads, fillings, desserts and garnishes. They are sold loose, in bags, or soaked in honey in jars.

Vers of gedroogd? Noix du Périgord AOP, *gezond, rijk aan minerale zouten en vetzuren, worden gesmaakt door iedereen, of ze nu vers zijn met die typische, beetje bittere smaak, of juist op natuurlijke wijze (of door middel van ventilatie met warme lucht) gedroogd waardoor ze iets "zoeter" zijn. Ze worden geteeld in 612 gemeenten in de regio's Poitou-Charentes, Midi-Pyrénées en Aquitanië, waar de boomsoort* Juglans regia *zijn natuurlijke omgeving kent dankzij een waterrijke bodem. De variëteiten in deze gebieden zijn Marbot en Franquette voor de verse noten (met een grootte gelijk aan of groter dan 28 mm) en Marbot, Franquette en Corne voor de gedroogde (walnoten groter dan 8 mm). De verse noten dienen kort na de oogst gegeten te worden, terwijl gedroogde noten best een jaar bewaard kunnen worden. Ze zijn ook in de keuken veelzijdig, bijvoorbeeld in salades, vullingen, desserts, decoraties... In de winkel zijn ze los te koop, in zakken of potjes, of ondergedompeld in honing.*

potatoes from the île de ré aop
aardappels van het île de ré aop

The main crop in the Île de Ré, Canton d'Ars-en-Ré and Canton Saint-Martin-de-Ré (a department of Charente-Maritime) is the *Pomme de terre de l'île de Ré AOP*. The distinctive feature of this cultivation is that once planted in shallow soil in the first three months of the year, it is fertilised with a blend of seaweed gathered from the island's beaches. The trace elements that are deposited in the soil lend the potatoes their characteristic flavour. The potatoes must be at least 7 cm long, with firm flesh, and like all other varieties, should be kept in a cool, dark area to avoid sprouting. Easy to peel, they are ideal for making dishes like traditional French soups, but can also be mashed, used in potato gateau, or just eaten boiled with a sprinkling of herbs and a pinch of salt.

De voornaamste landbouwactivieit van Île de Ré, in het kanton Ars-en-Ré en het kanton Saint-Martinde-Ré (departement Charente-Maritime), is het verbouwen van de Pomme de terre dell'Île de Ré AOP. *Wat deze teelt zo bijzonder maakt is dat de ondiep gepote aardappel in de eerste drie maanden van het jaar bemest wordt met organisch materiaal dat vooral bestaat uit zeewier gewonnen aan de de kusten van het eiland. De microelementen die zo in de bodem terechtkomen, bepalen de smaak van de aardappel. De knol wordt ongeveer 7 cm groot en heeft een stevige textuur. Net als bij andere aardappelen moet hij in het donker worden bewaard zodat er geen uitlopers ontspruiten. Hij is makkelijk te schillen en daarom ideaal om in de keuken te gebruiken in typisch Franse soepen en veloutés, maar ook om te pureren, of voor gateaux, of gewoon gekookt met wat kruiden en een snuifje zout.*

Limousin

Natural parks and wide stretches of countryside with rivers and forests make Limousin a favourite destination for visitors looking to get back to nature and enjoy all the products it has to offer. These include delicious Limousin apples, *moutarde violette* (which originated in Brive, is made from grape must and mustard, and is excellent with meat), the prized Limousin cow and Rocamadour (a delicately flavoured goat's cheese). But Limousin is also renowned for its artistry: the region's capital Limoges is world famous for its porcelain, Tulle for its lace and accordion factories and Aubusson for tapestries. Traditional dishes include two desserts: clafoutis (made with cherries) and Creusios cake, featuring butter and hazelnuts.

De natuurparken en uitgestrekte vergezichten met rivieren en bossen hebben Limousin tot één van de populairste bestemmingen gemaakt voor wie op zoek is naar bijzondere ervaringen en direct contact met de natuur, zonder natuurlijk de plaatselijke producten te vergeten. Daaronder moeten genoemd worden de sappige Limousin appels, de moutarde violette (paarskleurige mosterd uit Brive die gemaakt wordt van druivenmost en die uitstekend smaakt bij vleesgerechten), de koeien van het Limousine ras, en de Rocamadour (een geitenkaas met een verfijnde smaak). Maar Limousin is ook een gebied befaamd om haar artisanale productie: denk maar aan het wereldberoemde en geraffineerde porselein uit de hoofdstad Limoges, aan de kant en tule en tegenwoordig ook de accordeons uit de stad Tulle, en aan de tapijtkunst uit Aubusson. Onder de typische recepten die deze regio kent zijn er twee desserts die de moeite waard zijn speciaal genoemd te worden: de clafoutis (een toetje met kersen) en de heerlijke taart uit Creuse gemaakt met boter en hazelnoten.

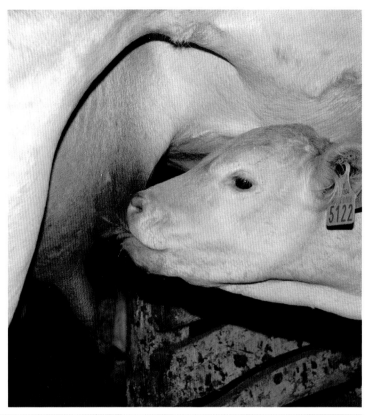

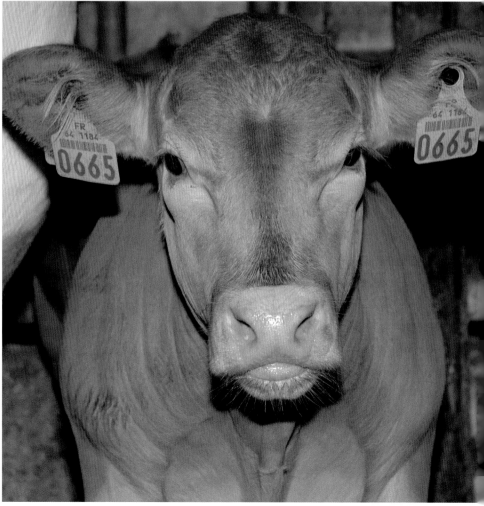

veau sous la mère

veau sous la mère

This meat comes from cattle breeds typical to south-west France (Limousin, Blonde d'Aquitaine, Bazadaise, Gasconne, Charolaise), from calves raised exclusively on milk for 3–5 months. Tender, flavoursome and light in colour, the meat has just the right amount of fat to make it wonderfully soft. It should be cooked briefly over a high heat to eat rare, or on a lower heat if preferred well done. To maintain the light colour it can be sprinkled with lemon juice before cooking. Veau Sous la Mère was the first product of its kind to obtain a Label Rouge, a standard guaranteeing superior quality. In 1998 the 'Veau Sous La Mère' Association was founded, with the aim of safeguarding not only production but also the product itself. The association numbers around 4,500 farmers, 30 abattoirs, 75 wholesalers and 900 points of sale, which sell around 30,000 calves a year.

Dit rundvlees is afkomstig van koeienrassen uit het zuidwesten van Frankrijk (Limousine, Blonde d'Aquitaine, Bazadaise, Gasconne, Charolaise…), met name van zoogkalveren die 3-5 maanden alleen maar melk hebben gekregen. Het vlees is mals en smaakvol, met een heldere kleur en een vetgehalte dat het bijzonder zacht maakt. Even bakken op een hoog vuur voor een rode biefstuk, of op een zacht vuur voor wie van doorbakken houdt. Haal het vlees alvorens het te bakken door wat citroensap, dan blijft de mooie heldere kleur van het vlees ook behouden na het koken. De Veau Sous la Mère *was het eerste product (1971) dat in zijn sector het Label Rouge verkreeg, het garantiemerk voor superieure kwaliteit. In 1998 werd de vereniging "Le Veau Sous La Mère" opgericht ter bescherming van niet alleen de productie, maar ook het product. Deze vereniging omvat ruim 4.500 producenten, 30 slagers, 75 groothandelaren en 900 verkoopspunten die elk jaar circa 30.000 kalveren verkopen.*

rocamadour aop
rocamadour aop

Cheese of this name dates back a very long time, being mentioned in a rental contract of 1451 and other 15th century documents. The Alpine and Saanen goats that provide the milk used to make *Rocamadour AOP* come from pastures and Alpine meadows in the Limousin, Midi-Pyrénées and Aquitaine areas. Left to ripen for at least six days after being taken out of the mould, the form is a small cylinder weighing 35 g with a streaky yellow-beige rind and a delicate buttery, nutty flavour. It is normally eaten at the end of a meal, or used as an ingredient in delicious salads, but can also be found in traditional dishes like Quercynoise tart with Rocamadour, cabbage with Rocamadour and honey or Rocamadour in a walnut crust, excellent washed down with a glass of wine.

De naam van deze kaas heeft een oude oorsprong en wordt al in 1451 genoemd in een huurcontract. Ook andere documenten uit de vijftiende eeuw bevestigen de faam van de Rocamadour. De melk voor deze kaas is afkomstig van Alpen- en Saanengeiten die grazen op de alpenweiden van Limousin, Midi-Pyrénées en Aquitanië. Rocamadour AOP laat men minstens 6 dagen rijpen nadat de kaas uit de vorm is gekomen. De kaas is een kleine cilinder met een gewicht van 35 gr, een geel-bruine korst met strepen en een zachte kaasmassa die smaakt naar boter en hazelnoot. De kaas wordt gewoonlijk na de maaltijd gegeten of gebruikt in salades, maar hij is ook vaak een ingrediënt in traditionele gerechten als Quercynoise-taart met Rocamadour, kool met Rocamadour en honing of Rocamadour met walnoot in bladerdeeg.

duck foie gras from the south-west igp
eendenlever uit het zuid-westen igp

This is a quintessentially French speciality that derives from the Gallic tradition of rearing and processing duck (the Mulard variety is now used) and goose. A symbol of the Limousin, Midi-Pyrénées and Aquitaine regions, *Canard à Foie Gras du Sud-Ouest IGP* is pink in colour and soft, with a delicate, sweetish flavour. It is almost impossible to find fresh and whole, being usually sold in glass jars or tins, as *Foie gras entier* (whole liver), *Foie gras* (compressed pieces), *Bloc de Foie gras* (at least 98% cooked foie gras), *Confit* (duck meat preserved in the cooking fat), *Magret* (goose fillet or breast), *Parfait de Foie gras* (at least 75% foie gras), *Pâté de Foie gras, and Mousse de Foie gras* (at least 50% foie gras). If you manage to find it fresh, or at least frozen, it can be roasted or fried, while if bought ready-cooked it can be spread on bread, meat fillets and so on.

Deze typisch Franse specialiteit stamt af van een traditie in het fokken en vetmesten van eenden (tegenwoordig van de soort Mulard) en ganzen die teruggaat tot de tijd van de Galliërs. Tegenwoordig is de eendenof ganzenlever het symbool van Limousin, Midi-Pyrénées en Aquitanië. Canard à Foie Gras du Sud-Ouest IGP heeft een zachtroze kleur en een zachte, fijne en niet bittere smaak. Het is vrijwel nooit vers verkrijgbaar; meestal is de eendenlever ingemaakt, in potjes van glas of blik, zoals de Foie gras entier *(hele lever),* de Foie gras *(stukjes compacte lever),* Bloc de Foie gras *(minstens 98% gekookte foie gras),* Confit *(eendenvlees geconserveerd in kookvet),* Magret *(ganzenfilet of -borst),* Parfait de Foie gras *(minstens 75% di foie gras),* Pâté de Foie gras en Mousse de Foie gras *(minstens 50% foie gras). Als men het vers, of eventueel ingevroren kan vinden, dan kan men de lever roosteren of frituren; gekookte lever kan men smeren op crostini, of over vleesfilets, enz.*

kersenclafoutis cherry clafoutis

500 g cherries, 3 eggs, 75 g granulated sugar,
1 dessert spoon vanilla sugar, 60 g flour, 1 teaspoon baking powder,
200 ml milk, 100 ml sour cream, 50 g butter, salt

Wash the cherries, remove the stalks and pit them. Beat the eggs in a bowl, add the two types of sugar and a pinch of salt. Mix, adding the flour with the baking powder and the melted butter. Pour in the milk and the sour cream and mix. Place the cherries in a round buttered pie-dish then cover with the egg and milk mixture. Bake in a preheated oven at 160 °C for 35 minutes. Serve the clafoutis warm or cold.

500 gr kersen, 3 eieren, 75 gr kristalsuiker,
1 zakje vanillesuiker, 60 gr bloem, 1/2 zakje
dessertgist, 200 ml melk, 100 ml zure room,
50 gr boter, zout

Was de kersen, verwijder het steeltje en ontpit ze. Klop de eieren in een schoteltje, voeg de twee soorten suiker en een snuifje zout toe. Roer, voeg de bloem met de gist en de eerder gesmolten boter toe. Schenk de melk en de zure room erbij en roer. Verdeel de kersen over een rond ingevet bakblik en bedek ze met het mengsel van eieren en melk. Bak 35 minuten in een voorverwarmde oven op 160 °C. Serveer de clafoutis lauw of afgekoeld.

limousin apples aop
limousin appels aop

Since ancient times the departments of Corrèze, Creuse, the Dordogne and Haute-Vienne have been the ideal terrain for growing *Pomme du Limousin AOP*. This is mainly thanks to two factors: the composition of the soil, which is light and deep and retains water well, and the favourable climate, with cold nights and warm, sunny days. This apple, obtained from the *Golden Delicious* variety, is slightly elongated in shape, with a colour that ranges from white to green and yellow to red, depending on the amount of sunshine received. With a flavour that is not overly sweet or overly tart, it is rich in vitamins and suitable for all low-calorie diets. It can be eaten at any time of day, *au naturel* and unpeeled, or used as the main ingredient in many recipes: in stuffing for game, or served with meat dishes, in breakfast cakes or fritters and more.

Al sinds de oudheid is het gebied van de departementen Corrèze, Creuse, Dordogne en Haute-Vienne de habitat bij uitstek voor de teelt van de Pomme du Limousin AOP*, met name dankzij twee factoren. Ten eerste is er de samenstelling van de diepe zanderige bodem die het grondwater goed vasthoudt. Daarnaast zijn er de ideale klimaatsomstandigheden met koude nachten en warme zonnige dagen. Deze appel van de soort* Golden delicious *heeft een beetje een uitgerekte vorm; de kleur is afhankelijk van de mate waarin de appel aan zonlicht werd blootgesteld en kan variëren van wit tot groen en van geel tot rood. De smaak is niet te zoet en niet te zuur. Appels zijn rijk aan vitamines en geschikt voor caloriearme diëten, lekker op elk moment van de dag, met of zonder schil. Ook wordt de appel veel gebruikt als hoofdingrediënt in gerechten als gevuld wild en in bijgerechten bij vleesschotels en natuurlijk in taarten voor bij het ontbijt, of appelbeignets…*

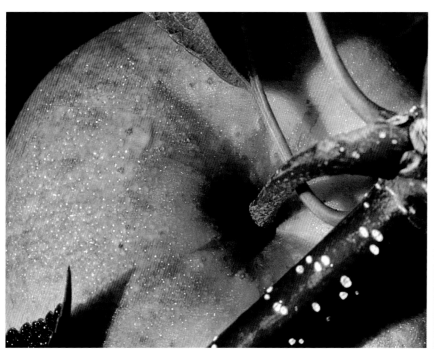

auvergne

Home to some of France's best-known dairy products, Auvergne is a true haven for cheese lovers. The Cantal department offers no less than five 'protected designation of origin' cheeses: Cantal itself, Saint-Nectaire, Bleu d'Auvergne, Forme d'Ambert and Salers. Auvergne is the country's most mountainous region, boasting volcanoes (Puy de Dome), wild gorges, rivers, natural parks and alpine plateaus. But its specialities go beyond cheese, with prized green Puy lentils, the wines of Côtes d'Auvergne and Saint-Pourçain, Mézenc beef, and Avèze liqueur, made from the roots of the gentian plant that grows in the Volcanic Regional Nature Park. Traditional local dishes include *tripoux* (little parcels of lamb tripe). If you enjoy visiting cities, then stop off at Clermont-Ferrand, the capital of the Auvergne region, with its stunning cathedral (Notre-Dame-de-l'Assomption), built entirely in lava stone.

Wie van kaas houdt, zal in de Auvergne volledig aan zijn trekken komen, dankzij de productie van enkele van de meest bekende zuivelproducten uit Frankrijk. In het departement Cantal kunnen we niet minder dan 5 kazen vinden met beschermde oorsprongsbenamingen: naast de Cantal zijn er de Saint-Nectaire, de Bleu d'Auvergne, de Forme d'Ambert en de Salers. Deze bergachtige streek bij uitstek, met vulkanen (de Puy de Dôme), wilde ravijnen, rivieren, natuurparken, en hoogvlakten, heeft echter meer te bieden dan enkel kaas:

denk maar aan de groene linzen uit Puy, de wijnen van de Côtes d'Auvergne en van Saint-Pourçain, het rundvlees uit Mézenc, de gentiaanlikeur Avèze gemaakt van gentiaanwortel uit het Regionaal Natuurpark van de Vulkanen van Auvergne, en niet te vergeten traditionele gerechten als de tripoux (rolletjes lamspens). Wie van steden houdt, moet zeker een bezoekje brengen aan de hoofdstad van de regio, Clermont-Ferrand, met de mooie Notre-Dame-de-l'Assomption kathedraal gemaakt van zwarte lavasteen.

fourme d'ambert aop
fourme d'ambert aop

It is not clear whether the name of this cheese comes from the word *forme*, namely the traditional mould that the curds are placed in, still in use today, or from the name of an important market – Ambert in Puy-de-Dôme. What we do know is that *Fourme d'Ambert AOP* is one of the best-loved French blue cheeses. Cylindrical in shape (between 17 and 21 cm tall), between 12.5 and 14 cm in diameter and weighing between 2 and 2.5 kg, the rind is dry and at times covered in moulds which vary in colour from white to red. The *Penicillium Roqueforti* inserted after coagulation creates uniformly distributed blue-green veining. Aperitif or cheese board? In salad or a piping hot soufflé? It's up to you to choose the best way to savour this rustic yet sweet-flavoured cheese, with its delicate forest-floor aftertaste.

Men is het er nog niet over eens of de naam van Fourme d'Ambert AOP nu afkomstig is van het woord forme, *de kaasvorm die men ook vandaag de dag nog gebruikt voor de wrongel, of dat de naam juist is afgeleid van een belangrijke markt, die van Ambert in Puy-de-Dôme. Zeker is wel dat Fourme d'Ambert AOP één van de populairste Franse schimmelkazen is. De vorm is cilindrisch (tussen 17 en 21 cm hoog) en de doorsnee tussen 12,5 en 14 cm met een gewicht van 2 tot 2,5 kilogram. De korst is droog en soms bedekt met een witte of rode schimmel. De kaasmassa heeft een regelmatig verdeeld blauwgroen schimmelpatroon, het resultaat van het toevoegen van* Penicillium Roqueforti *na de wrongel. Bij het aperitief, of na het diner? In de salade of in een stomende soufflé? Kiest u zelf de beste manier om te genieten van deze kaas, waarvan de smaak rustiek en tegelijk zoet is, met een verfijnde nasmaak van paddenstoelen.*

green lentils from puy aop
groene linzen uit puy aop

The *Lentille Verte du Puy AOP* is grown in two specific areas of the Haute-Loire: in the Puy basin, at 600–800 m, which is characterised by infrequent precipitation, and on the volcanic plateau, around 1000 m, which has a cold, dry climate. The harvest takes place from the end of July to the end of September every year, and the lentils are dried after being washed and treated. Light green in colour, they contain protein and carbohydrate, no cholesterol and a good quantity of calcium and potassium. They are thin-skinned and not overly floury in consistency. After boiling, the lentils can be used in soups, with rice or other vegetables, as a side dish with fried onion, carrot and celery, or in salads. Lentille Verte du Puy AOP are sold dried in packs from 250 g to 1 kg and keep for around 2 years from the date of packaging.

Lentille Verte du Puy AOP *worden verbouwd in twee zeer precies aangeduide gebieden in Haute-Loire: in het bassin van de Puy, op 600-800 m, waar maar weinig neerslag is, en op de vulkanische hoogvlakte rond de 1000 m, met een zeer droog klimaat. De oogst vindt elk jaar plaats aan het eind van juli en aan het eind van september. De linzen worden vervolgens schoongemaakt en gedroogd. Linzen hebben een hoog proteïnegehalte, zijn cholesterolarm en bevatten bovendien kalk en kalium. Ze hebben een heldergroene kleur, zijn niet melig en hebben een dunne schil. Na het wassen zijn ze te gebruiken in gebonden of heldere soepen, gecombineerd met rijst of andere groenten; als bijgerecht met tomaat en licht gefruite ui, wortel en selderij, of in salades. In de winkel zijn de Lentille Verte du Puy AOP gedroogd te vinden in verpakkingen van 250 gr tot 1 kg. Ze kunnen ongeveer 2 jaren bewaard worden.*

varkensvlees met linzen pork with lentils

1 kg pork shoulder, 500 g pork loin, 400 g cured pork fat,
2 carrots, 2 potatoes, 2 onions, 500 g Puy lentils, previously soaked,
2 bouquet garni (bundle of herbs tied together with twine), salt, pepper

Fill a large pan with water then add an onion, the bouquet garni, a pinch of salt and pepper, the pork loin and pork shoulder and 200 g of pork fat. Bring to the boil and cook for 45 minutes. Pour some cold water into another pan, and add the carrots and potatoes, peeled and chopped, the lentils and the other bouquet garni. Cook for 45 minutes until the water is completely absorbed. Dice the rest of the pork fat and slice the rest of the onion into rounds and sauté in a pan, then add to the lentils. Scoop the meat out with a slotted spoon and place in the pan with the lentils, pork fat and onions. Serve hot.

1 kg varkensschouder, 500 gr varkenslendenen, 400 gr spek, 2 wortels, 2 aardappels, 2 uien, 500 gr geweekte linzen uit Le Puy, 2 bouquet garni, zout, peper

Vul een ruime pan met koud water, met daarin een ui, een bouquet garni, een snuifje zout en peper, het varkensvlees en de helft van het spek. Breng aan de kook en laat 45 minuten doorkoken. Breng in een andere pan koud water aan de kook met de geschilde en gesneden wortels en aardappels, de linzen en het overgebleven bouquet garni. Kook 45 minuten tot al het water is verdwenen. Snijd het overgebleven spek in blokjes en bak die in een pan samen met de overgebleven en in ringen gesneden ui. Schep het vlees met een schuimspaan over in de pan met de linzen, waaraan eerder het gebakken spek en de uitjes werden toegevoegd. Warm serveren.

salers aop
salers aop

The production of *Salers AOP* alternates with that of Cantal: from May to October Salers AOP is made in the stone cottages in the mountains of Cantal, Cezalier and Dore, while for the rest of the year all the milk is used to make Cantal AOP. Salers AOP takes its name from the medieval town of Salers, which lies at an altitude of 930 m, and its aromatic flavour, with herby, grassy notes, comes from the volcanic terrain where the pastureland and production area is situated. Cylindrical in shape, from 38 to 48 cm in diameter and weighing between 30 and 50 kg, Salers AOP has a golden yellow rind with patches of orange and red mould, and a yellow, smooth interior. Aged for at least 3 months, it is a cheese board classic, delicious with fresh or dried fruit (cherries, grapes or apples).

De productie van Salers AOP wisselt af met die van Cantal. In de maanden van mei tot en met oktober produceert men Salers AOP in de zomerverblijven op de alpenweiden van de Cantal, de Cezalier en de Dore; in de resterende maanden is de melk bestemd voor het maken van Cantal AOP. De naam van Salers AOP komt van de middeleeuwse burcht van Salers op 930 m hoogte; de bijzondere eigenschappen van de kaas, de aromatische smaak met toetsen van gras en grond, zijn het resultaat van de vulkanische aarde daar waar de weilanden zich bevinden. De kaas heeft een cilindervorm met een grootte van 38 tot 48 cm, een gewicht tussen 30 en 50 kg, en een goudgele korst met schimmelplekken tussen oranje en rood en een gele kaasmassa met een gelijkmatige consistentie. Salers AOP heeft minstens 3 maanden gerijpt. Het is een klassieke kaas voor na het diner die heel goed samengaat met gedroogd en vers fruit (kersen, druiven, en appels) en noten.

cantal aop
cantal aop

This cow's milk cheese was already in production in the days of Pliny the Elder, in a region, the Auvergne, where food was often scarce, especially during the winter when travel was difficult. The main characteristic of *Cantal AOP* is its three different stages of ripening: *Cantal AOP Jeune* is aged for 30–60 days, *Cantal AOP Entre-Deux* for 90–210 days and *Cantal AOP Vieux* for over eight months. The different ageing periods determine the sensory characteristics of the cheeses: the forms vary from 36 to 40 cm in diameter, and weigh between 20 and 40 kg, if we exclude the much smaller *Cantalet and Petit Cantal AOP* (20–22 cm in diameter, weighing 10 kg). The colour of the rind also varies, from grey-white to red-orange. All the varieties are, however, characterised by a tangy flavour, with a subtle nutty aftertaste. Delicious served with apples, grapes or fruits of the forest.

Deze kaas van koemelk werd al in de tijd van Plinius de Oudere gemaakt in de regio Auvergne, waar er vooral in de winter een grote behoefte aan voedsel was maar de wegen moeilijk begaanbaar. De voornaamste eigenschap van Cantal AOP *komt van de drie rijpingsstadia. In de handel is de kaas te vinden als* Cantal AOP Jeune*, 30-60 dagen oud,* Cantal AOP Entre-Deux*, 90-210 dagen oud en* Cantal AOP Vieux*, die meer dan 8 maanden heeft gerijpt. De verschillen in rijpingsduur hebben natuurlijk ook een effect op de geur- en smaakeigenschappen. De diameter kan variëren van 36 tot 40 cm en het gewicht is tussen 20 en 40 kg, als we even de veel kleinere* Cantalet of Petit Cantal AOP *buiten beschouwing laten (deze hebben een doorsnee van 20-22 cm en een gewicht van 10 kg). De kleur van de korst gaat van witgrijs tot oranjerood. Al deze kazen hebben echter de karakteristieke zurige smaak met de licht notige nasmaak. Hij is heerlijk in combinatie met appels, druiven en bosvruchten.*

truffade with cantal truffade met cantal

4 potatoes, 200 g Cantal cheese,
1 clove garlic, olive oil, salt, pepper

Peel, wash and slice the potatoes thinly. Place the unpeeled clove of garlic in a frying pan with the potato slices and a drizzle of oil. Add salt and pepper. Cook, stirring continuously, for 30 minutes. Remove the garlic, then mash the potatoes with a fork and add the diced cheese. Stir until it becomes stringy. Serve the truffade with a slice of Auvergne ham, sausages or bacon.

4 aardappels, 200 gr Cantal, 1 teentje knoflook, olijfolie, zout, peper

Schil, was en snijd de aardappels in dunne schijfjes. Bak de aardappelschijfjes in een beetje olie in een koekenpan, samen met het teentje knoflook (in de schil). Breng op smaak met zout en peper. Laat de aardappels zo al roerend 30 minuten koken. Verwijder de knoflook, prak de aardappels met een vork en voeg de in blokjes gesneden kaas toe. Roer tot de kaas draderig wordt. Dien de truffade op met een plak ham uit de Auvergne, of met worst of spek.

saint-nectaire aop

saint-nectaire aop

Who knows if Louis XIV, fan of *Saint-Nectaire AOP* after being given a taste by the French general Henri de La Ferté-Senneterre, ate it in the traditional *brioche au Saint-Nectaire*, or just on a slice of bread? We can, however, safely assume that he ate the oval-shaped version of the cheese, which is still used today in *fabrication fermière* (farm production). In *fabrication laitière*, on the other hand, a square mould is now used. This pressed, semi-hard cheese is made in the Puy de Dôme and Cantal departments, around the Sancy massif. The rind has light-coloured moulds which can verge on the red, and a light yellow interior with a few regular holes. The pleasant, delicate flavour of this cheese depends greatly on the ageing, which is never less than four weeks. The best way to savour Saint-Nectaire is sliced with bread, washed down with a glass of fruity red.

Wie weet of Lodewijk XIV, een groot bewonderaar van Saint-Nectaire AOP*, dankzij de inspanningen van de Franse generaal Henri de La Ferté-Senneterre deze kaas voor het eerst heeft geproefd in het traditionele recept van de brioche met Saint-Nectaire of gewoon op een snee brood? De vorm van de kaas die hij destijds at was in ieder geval ovaal, aangezien dit de vorm is die ook vandaag nog wordt gebruikt voor* fabrication fermière *(productie op boerderijen), terwijl de kaas van* fabrication laitière *vierkant is. Deze geperste halfharde kaas wordt gemaakt in de departementen van Puy-de-Dôme en Cantal, rondom het Sancymassief. Hij heeft een korst met lichte schimmelplekken die neigen naar rood, een lichtgele kaasmassa met wat regelmatige kaasgaten. De smaak is prettig en licht, afhankelijk van de rijpingsduur die niet minder dan 4 weken mag zijn. De beste manier om vol te genieten van Saint-Nectaire is op een snee brood vergezeld van een glas fruitige rode wijn.*

auvergne
tripoux tripoux

12 tripoux (stuffed lamb tripe parcels), 150 g cured pork fat, 2 carrots, 2 onions, 4 cloves garlic,
1 bouquet garni, 1 dessert spoon four spices (nutmeg, cinnamon, cloves, pepper), 1 bottle white wine,
200 g Puy lentils (already soaked), olive oil, salt, pepper

Peel and chop the onions. In a pan (preferably cast iron) gently fry the onions in a drop of oil and add the diced lard. Cook until the lard becomes transparent. Add the tripoux, unpeeled garlic cloves, bouquet garni, four spices and wine. Season with salt and pepper. Cook covered for 2 and a half hours (or 5 hours in the oven at 120 °C), then add the carrots, peeled and sliced into rounds, and the lentils. Cook for another 30 minutes. Serve this traditional dish hot.

12 tripoux (rolletjes lamspens), 150 gr spek, 2 wortels, 2 uien, 4 teentjes knoflook, 1 bouquet garni, 1 eetlepel met 4 gemengde kruiden (nootmuskaat, kaneel, kruidnagel en peper), 1 fles witte wijn, 200 gr geweekte linzen uit Le Puy, olijfolie, zout, peper

Schil en snipper de ui. Fruit de ui in een steelpan (een gietijzeren pan zou het beste zijn) in een beetje olie, en voeg de spek in blokjes toe. Bak de spekblokjes tot ze transparant zijn geworden. Voeg de tripoux, de hele teentjes knoflook in de schil, het bouquet garni, het kruidenmengsel en de wijn toe. Breng op smaak met zout en peper. Kook tweeënhalf uur met het deksel op de pan (of 5 uren in de oven op 120 °C) en voeg dan de geschilde en in schijfjes gesneden wortel en de linzen toe. Laat nog eens 30 minuten koken. Serveer dit traditionele gerecht warm.

rhône alpes

CHAMON

This splendid region in south-east France is packed with natural beauty spots – like Lake Annecy, the gorges of the Ardèche and Mont Blanc – and historical cities such as Chambery, Lyon and Grenoble, along with the spa town of Aix-les-Bains. Rhône-Alpes is also renowned for its cuisine and produce. The Upper Savoy department offers wine (Côtes du Rhône), cheeses (Reblochon, Abondance, Beaufort, Emmental de Savoie, Chevrotin), and specialities like Savoy fondue, genepi liqueur and raclette. The Ardèche area is home to Picodon, a delicious goat's cheese, and the chestnut groves of Saint-Pierville, while Drôme is famous for its Nyons olives and Montélimar nougat. In Isère we find Grenoble walnuts, *gratin dauphinois* and *Dauphiné ravioli*, and in the Rhône department the cured meats of Lyon and *quenelle brochet*, a traditional speciality made using pike. All in all, there are many reasons to visit the Rhône-Alpes region and enjoy an unforgettable tour of some wonderful places.

MONT · BLANC

eze prachtige regio in het zuidoosten van Frankrijk is rijk aan natuurschoon zoals het Meer van Annecy, de Gorges de l'Ardèche, het Mont Blancmassief en historische plekken als de thermen van Aix-les-Bains, de steden Chambery, Lyon, en Grenoble. Maar Rhône-Alpen is natuurlijk ook bekend om haar gastronomie: in het departement Haute-Savoie vinden we bijvoorbeeld wijnen (Côtes du Rhône), kazen (Reblochon, Adondance, Beaufort, Emmental de Savoie, Chevrotin), en gerechten als de Savooise kaasfondue, de Génépi kruidenlikeur, en de raclette. Uit de Ardèche komt de Picodon, een heerlijk geitenkaasje, en vinden we de kastanje-boomgaarden van Saint-Pierreville. In Drôme zijn er de voortreffelijke olijven van Nyons en de nougat uit Montélimar. In Isère kan men walnoten uit Grenoble, gratin dauphinois en Ravioles du Dauphiné eten. In Rodano vinden we vleeswaren uit Lyon en de visspecialiteit quenelle de brochet (snoek). Kortom, redenen genoeg om een bezoek te brengen aan deze regio.

rosette de lyon
rosette de lyon

Originally from Beaujolais, *Rosette de Lyon* is now made throughout the Lyon area and exported all round the world. Made exclusively from pork, it is one of the longest salamis in existence, reaching up to a metre in length, and is 5–9 centimetres in diameter. The pork is chopped finely, pork fat is added and the mixture is stuffed into a special casing, the *rosette*, and tied. After drying, the salamis are cured, from a minimum of two to a maximum of six months. When sliced it is compact, fine-grained and light red in colour. It is a must during the festive season, served with butter and slices of gherkin. Once sliced it should be kept in a cool place and eaten within a few days.

Rosette de Lyon komt oorspronkelijk uit de Beaujolais, maar het productiegebied is inmiddels uitgebreid tot de streek rond Lyon en ze worden geëxporteerd over de hele wereld. Rosette de Lyon *is één van de langste rauwe worsten ter wereld, tot wel een meter lang en 5-9 centimeter dik. De vulling voor deze worst bestaat exclusief uit varkensvlees. Het vlees wordt eerst heel fijn gemalen, vervolgens vult men er een speciaal omhulsel mee dat* rosette *heet en dan kan de worst worden dichtgebonden. De droogfase wordt gevolgd door een rijpingsfase die kan duren van minimaal 2 tot maximaal 6 maanden. Afgesneden plakjes zijn stevig, met een fijne structuur en een helderrode kleur. Dit is een worst die op geen enkel feest ontbreekt, vaak geserveerd met boter en kleine plakjes augurk. Een aangesneden worst moet op een koele plek worden bewaard en binnen enkele dagen worden geconsumeerd.*

beaufort aop
beaufort aop

The *Prince des gruyères*, or *Beaufort AOP*, takes its name from the moulds that the curds are pressed into, known as Beaufort moulds. Produced in the Beaufortain, Maurienne and Tarentaise valleys, and part of Val d'Arly in the Savoie department, it has been this area's main product for centuries. Cylindrical in shape (35–7 cm in diameter, weighing 20–70 kg), it has convex sides, around 11 to 16 cm in height, and a soft, pressed paste with a yellowish colour. Its flavour develops over time, according to how long it is aged (minimum five, maximum twelve months). There are different types of Beaufort AOP on the market: *Beaufort AOP* (produced in the winter months), *Beaufort Été AOP* (produced in the summer months) and *Beaufort Chalet d'Alpage AOP* (produced in the summer, in alpine chalets above 1,500 metres). It is used in various dishes: Savoy fondue, quiches and salads, and is also ideal served diced as an aperitif or on the cheese board.

De Prince des gruyères *oftewel* Beaufort AOP *ontleent zijn naam aan de persen, cirkels van Beaufort genaamd, waarin de wrongel wordt uitgeperst. De kaas wordt gemaakt in de valleien van Beaufortain, Maurienne, Tarentaise en een gedeelte van Val d'Arly, in het departement van de Savoye en hij is al eeuwen de economische steunpilaar van deze streek. De kaas heeft een ronde vorm (doorsnee 35-75 cm, gewicht 20-70 kg), met een licht ingedeukte zijkant die 11 tot 16 cm hoog is en een compacte, zachte en geelachtige kaasmassa. De smaak verandert al naar gelang de rijpingsduur die minimaal 5 en maximaal 12 maanden kan duren. De soorten Beaufort AOP die men in de winkel kan vinden, zijn:* Beaufort AOP *(gemaakt in de wintermaanden),* Beaufort Été AOP *(gemaakt in de zomermaanden) en* Beaufort Chalet d'Alpage AOP *(gemaakt in de zomer met alpenmelk afkomstig van boven de 1.500 m). Bij het koken wordt de kaas gebruikt in een veelvoud aan gerechten, zoals savooise kaasfondue, hartige taarten, salades. Hij is ook ideaal als kaas uit het vuistje bij de borrel of na een dineetje.*

walnuts from grenoble aop

walnoten uit grenoble aop

There are different varieties of *Noix de Grenoble AOP*: Franquette, known as the 'queen of walnuts', medium-sized with an elongated shape and tough, wrinkly shell; Mayette, with a light elongated shell with flattened ends; and Parisienne with a rounded shell and an almost white colour. After 12 years, each walnut tree, in its natural habitat in the Dauphiné department, requires a surface area of at least 100 square metres! After being picked mechanically and washed in wooden tubs to remove earth, twigs and leaves, the Noix de Grenoble AOP are dried, naturally or artificially. They can only be bought fresh from September to November, while the dried version is available all year round. Highly versatile in cooking, they are delicious *au naturel*, served as an aperitif or after a meal with cheese, especially goat's cheese, or as a dessert accompanied by good quality honey.

De verschillende soorten walnoten die tot de Noix de Grenoble AOP behoren, zijn de Franquette, ook wel de "koningin der walnoten" genoemd, met een middelgroot, uitgerekt formaat en een harde gerimpelde dop, de Mayette, met een lichtgekleurde, uitgerekte dop die afgeplat is aan de uiteinden, en de Parisienne, met een ronde, bijna witte dop. Elke notenboom, die in de Dauphiné zijn natuurlijke omgeving heeft gevonden, moet na ongeveer 12 jaar een oppervlak van minstens 100 vierkante meter ter beschikking hebben. Noix de Grenoble AOP worden mechanisch geoogst en vervolgens in houten vaten gewassen om aarde, takjes en bladeren te verwijderen. Vervolgens worden ze op natuurlijke of op kunstmatige wijze gedroogd. De verse noten zijn alleen tussen september en november verkrijgbaar, terwijl gedroogde walnoten het hele jaar door beschikbaar zijn. De noten zijn heel veelzijdig in het gebruik in de keuken en zowel naturel te serveren bij een aperitief of na afloop van de maaltijd met kaas, vooral geitenkaas, of als dessert met lekkere honing.

Seches
de l'Isere

4€50 le kilo

reblochon aop
reblochon aop

A time-honoured cheese produced in Haute Savoie and Savoie, *Reblochon AOP* takes its name from the French/Provençal word *reblecher* (to milk again). The term derives from an astute scheme implemented by the peasant farmers in the 8th century: when it was time to pay the rent (which took the form of the quantity of milk produced in one day), they would milk a small amount to hand over, and then carry on milking as soon as the landlord was out of sight. This second milking, of a smaller quantity but rich in cream, was used to make Reblochon. A round, flat cheese (13–14 cm in diameter, weighing 450–550 g), which is also available in a smaller version (around 9 cm in diameter, weighing 250–300 g), Reblochon has a flavour similar to that of butter, but with more structure. It is a cheese board classic and goes well with nuts, figs and apricots.

De "klassieke" Reblochon AOP *die wordt gemaakt in de streken Haute-Savoie en Savoie, dankt zijn naam aan de Frans-provençaalse term* reblecher *(hermelken). Deze term doet al vermoeden hoe listige boeren in de dertiende eeuw de landeigenaren te slim af waren. De boeren moesten bij wijze van pacht een daghoeveelheid melk afstaan. In eerste instantie melkten ze minder, droegen die melk af en zodra de eigenaren weer weg waren, maakte men het melken af. Met dit tweede gedeelte, dat minder overvloedig was maar vol room, maakte men de Reblochon: een ronde platte kaas (doorsnee 13-14 cm, gewicht 450-550 gr) die tegenwoordig ook in een kleinere versie verkrijgbaar is (doorsnee circa 9 cm, gewicht 250-300 g). De smaak van de kaas lijkt op boter maar is steviger. Deze typische kaas voor na de maaltijd gaat goed samen met gedroogd fruit en noten, vijgen en abrikozen.*

rhône-alpes
tartiflette tartiflette

1 reblochon, 1 kg potatoes, 250 g bacon (one slice), 200 ml fresh cream, 2 onions, butter, olive oil, pepper

Peel the onions, slice into rounds and gently fry with a drop of oil. Dice the slice of bacon and add to the onions. Stir and cook until the fat on the bacon becomes transparent. Peel the potatoes and steam for about 20 minutes. Cut into wedges and place in a buttered baking dish, add the onions and bacon, pour in the fresh cream and season with pepper. Place the cheese, whole or diced, on top. Cook in a preheated oven at 180 °C for 25 minutes. Put the tartiflette under the grill for a few minutes and then serve.

1 reblochon, 1 kg aardappels, een plak buikspek van 250 gr, 200 ml crème fraîche, 2 uien, boter, olijfolie, peper

Schil de uien, snijd ze in ringen en fruit ze met wat olie. Snijd de plak spek in blokjes en doe die bij de uien. Roer en bak tot het vet in de spekblokjes transparant is geworden. Schil de aardappels en stoom ze ongeveer 20 minuten. Snijd in kwarten en verdeel over een ingevet bakblik, voeg de uien en het spek toe, schenk de crème fraîche erbij en breng op smaak met peper. Beleg met de kaas, in één stuk of gesneden in blokjes. Bak 25 minuten in een voorverwarmde oven op 180 °C. Zet de tartiflette vervolgens enkele minuten onder de grill en dien op.

lyon cured meats
vleeswaren uit lyon

Pork and cured meats have been traditions in this area for centuries. It is an art form handed down through the generations, a ritual that has become a celebration, supplying salami and sausages in all shapes and flavours all year round, and above all to the tables of the Lyon area. The best known varieties are *Rosette de Lyon*, a long, fine-grain salami; *Jésus*, similar to Rosette but with a coarser texture; *Sabodet*, made of pork rind; *Andouillettes*, the typical tripe sausage of Beaujolais, made exclusively from the large intestine and stomach of the pig, cut into strips lengthwise; and *cervellata*, a pork salami flavoured with truffle and pistachios. It is almost impossible to eat in Lyon or the surrounding area without coming across one of these local specialities.

Deze streek wordt al sinds eeuwen gekenmerkt door de veehouderij, met name van varkens, het slachten en het verwerken ervan in allerhande vleeswaren. Deze kunst is een traditie die wordt overgedragen van vader op zoon. Uit deze traditie zijn vele verschillende soorten en smaken worst voortgekomen die heel het jaar door op tafel komen. Onder de meest bekende vleeswaren vinden we de Rosette de Lyon, *een lange worst van fijngemalen vlees; de* Jésus, *die lijkt op de rosette maar met grover gemalen vlees; de* Sabodet *op basis van varkenszwoerd; de* Andouillettes, *typische worsten van pens uit de Beaujolais die gemaakt worden van de dikke darm en de maag van het varken die in de lengte in reepjes worden gesneden; de* cervelaat, *op basis van varkensvlees en op smaak gebracht met truffel of pistache. Het is praktisch onmogelijk om te gaan eten in Lyon of omgeving zonder één van deze typische streekproducten tegen te komen.*

abondance aop
abondance aop

Thanks to the monks of the Abondance Monastery, who as early as the 12th century understood how to exploit cheese production to earn a living in this mountainous area, *Abondance AOP* became the symbol of Haute Savoie. In 1381 they sent 15 hundredweight of their cheese to celebrate the appointment of the new Pope in Avignon. Abondance is a raw cow's milk cheese made as soon as possible after milking. The milk is placed in copper cauldrons, the rennet is added and the curd forms. This is then broken by hand and heated. The pieces of curd are separated from the whey with the help of linen cloths and put into the moulds. This is what gives the cheese its characteristic concave shape (40 cm in diameter, weighing 6–12 kg). After salting, the forms are placed on pine boards to mature in cool, dark cellars for at least 3 months. Excellent on the cheese board, as an afternoon snack, a salad ingredient or in *Berthoud*, a traditional local dish.

De monniken van het klooster van Abondance hadden al rond de twaalfde eeuw begrepen hoe de kaasmakerij een belangrijke bron van inkomsten kon zijn in een bergachtige streek. Mettertijd zou de Abondance AOP *uitgroeien tot het symbool van Haute-Savoie. Al in 1381 werden er 1500 kilo kaas verstuurd ter gelegenheid van de verkiezing van de nieuwe paus in Avignon. De Abondance wordt gemaakt van koemelk. De melk wordt rauw verwerkt, zo snel mogelijk na het melken. Aan de melk wordt stremsel toegevoegd zodat de wrongel ontstaat. De wrongel wordt met de hand verkruimeld en vervolgens verwarmd. De klonten wrongel worden met linnen doeken uit de wei geschept en in een kaasvat overgebracht. Hier krijgt de kaas zijn karakteristieke concave vorm, met een doorsnee van 40 cm en een gewicht van 6-12 kg. Na het zouten worden de kazen op houten balken gelegd om minstens 3 maanden te rijpen in koele, donkere kelders. Heerlijk na de maaltijd, als tussendoortje, als ingrediënt in salades of in de* Berthoud, *een traditioneel streekgerecht.*

rhône-alpes
savoy fondue fondue uit de savooien

500 g Comté, 500 g Emmental, 200 g Beaufort,
200 ml dry white wine, 20 g corn flour, 100 ml Kirsch liqueur,
1 stale baguette or pain de campagne, 1 clove garlic, pepper

Remove the rind from the cheeses and slice them into slivers. Dice the baguette. Peel the clove of garlic and rub it around the inside of a terracotta pot. Pour in the wine and bring to the boil. Add a pinch of pepper and the slivers of cheese. Melt the cheese, stirring constantly, until smooth. Carefully mix the corn flour into the Kirsch and add to the fondue. Pour into a fondue pot placed over a small burner and use the long stemmed forks to dip the diced bread into the fondue.

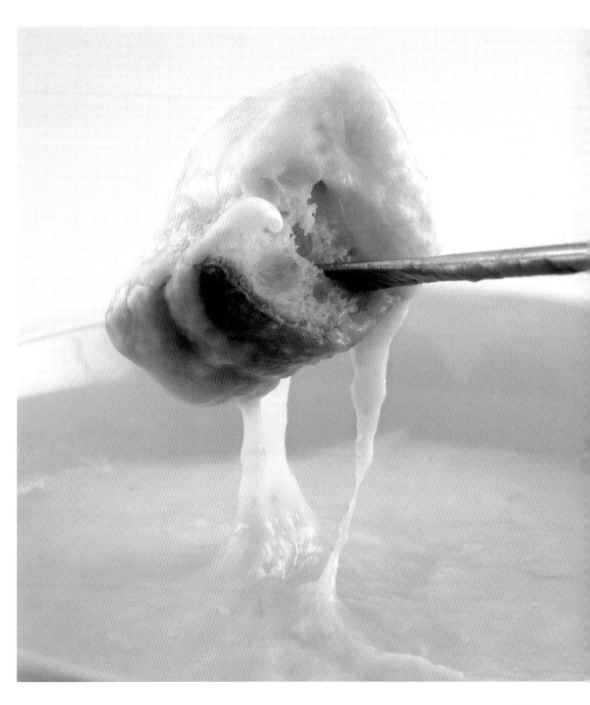

500 gr Comté, 500 gr Emmenthal, 200 gr Beaufort, 200 ml droge witte wijn, 20 gr maizena, 100 ml Kirsch, 1 oudbakken stokbrood of een boerenbrood, 1 teentje knoflook, peper

Verwijder de korsten en snijd de kazen in dunne reepjes. Snijd het stokbrood in dobbelstenen. Schil het teentje knoflook en wrijf er de binnenzijde van een terracottapan mee in. Schenk de wijn erin en breng aan de kook. Voeg een snuifje peper en de in reepjes gesneden kaas toe. Laat de kaas al roerend smelten tot u een gladde fondue heeft. Maak de maizena aan met de Kirsch en voeg toe aan de fondue. Zet het fonduepannetje op een rechaud en doop de stukjes brood met fonduevorkjes in de gesmolten kaas.

black olives from nyons aop
zwarte olijven uit nyons aop

Olives noires de Nyons AOP, of the Tanche variety, make a wonderful sight packed in glass jars in brine. Harvested from olive trees in the Drôme and Vaucluse departments of the Rhône-Alpes region and in Provence-Alpes-Côte d'Azur, they are picked when fully ripe, then sent to be preserved. Following the traditional method, they are placed in a brine of salt and water to remove their naturally bitter flavour. This takes at least 6 months, after which they are packed into jars, in an 8% brine solution, and sold. This is a distinctive variety of olive, recognisable by its brown colour described as 'monk's habit', wrinkly skin and fairly large stone. Delicious eaten alone as an aperitif or as an ingredient in many hot and cold dishes, including salads, stews, sauces, side dishes and more.

Het is een mooi gezicht, zo'n glazen potje met Olives noires de Nyons AOP. *De olijvensoort in dit geval is de Tanche, afkomstig van de olijfboomgaarden van de departementen Drôme en Vaucluse in de regio's Rhône-Alpen en de Provence-Alpen-Cote-d'Azur. De olijven worden geoogst wanneer ze op het hoogtepunt van hun rijpheid zijn. Vervolgens worden ze op traditionele wijze in een mengsel van zout en water ingemaakt, zodat de natuurlijke bittere smaak verdwijnt. Deze fase van het bewerken van de olijven duurt minstens 6 maanden, waarna de olijven worden overgebracht in potjes in een zoutoplossing van 8% en dan zijn ze klaar voor de verkoop. Deze olijven zijn meteen herkenbaar aan hun bruine kleur, ook wel "monnikenpij" genaamd. Ze hebben een rimpelig voorkomen en de pit is redelijk groot. De zwarte olijven van Nyons zijn heerlijk om zo te eten, bij een aperitief, of als ingrediënt in vele warme en koude gerechten, salades, hapjes, sauzen, bijgerechten.*

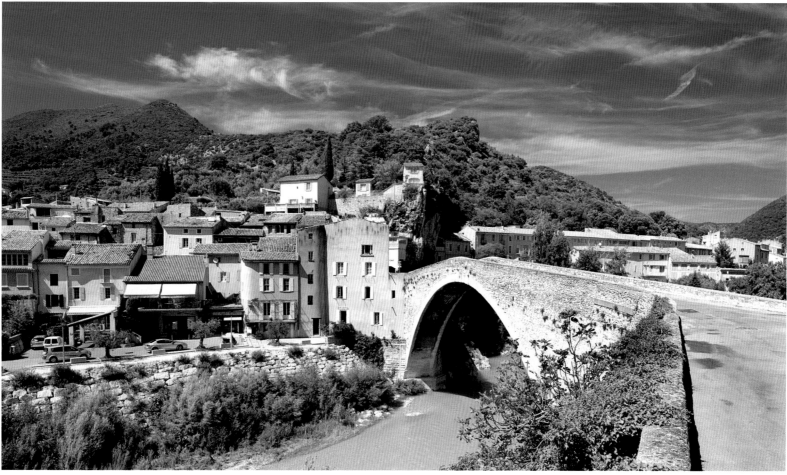

tomme from the savoy igp
tomme uit de savooien igp

This is the oldest 'Alpine' cheese of the Savoie region, produced by all the farmers in order to make use of the skimmed milk left after butter-making. The milk is produced in the departments of Haute Savoie, Savoie and three towns in Ain (Anglefort, Corbonod and Chanay), while the cheese is actually made in the departments of Haute Savoie and Savoie. To safeguard the production process and characteristics of *Tomme de Savoie IGP*, around 150 years ago the *fruitières* were established, cooperatives that make and sell the cheese. The cheese ages for a period that varies from one to three months, is round in shape (18–21 cm in diameter, 5–8 cm high, weighing 1–2 kg), and has a dark grey rind with small spots and mould. Inside it is whitish-yellow in colour, with small holes. With its rustic flavour it is served on the cheese board, but can also be used to flavour omelettes, salads, crêpes and more.

De Tomme is de oudste "alpenweidekaas" van de Savoie. Hij wordt gemaakt met de melk die is overgebleven na het maken van de boter. Het gebied waar de melk vandaan komt, is geconcentreerd in de departementen Haute-Savoie, Savoie en in 3 gemeenten van Ain (Anglefort, Corbonod en Chanay), terwijl de daadwerkelijke productie van de kaas plaatsvindt in de departementen Haute-Savoie en Savoie. Voor het waarborgen van de productie en de eigenheid van Tomme de Savoie IGP *bestaan er circa150 jaren de* fruitières, *coöperaties voor de productie en verkoop van de kaas. De Tomme heeft een rijpingsduur die kan variëren van 1 tot 3 maanden. De vorm is rond (doorsnee 18-21 cm, hoogte 5-8 cm, gewicht tussen 1 en 2 kg), de korst donkergrijs met kleine vlekjes en schimmelplekjes. De kaasmassa is geelwit met kleine gaatjes. Deze kaas voor na de maaltijd heeft een rustieke smaak, maar hij kan ook gebruikt worden voor een smakelijke toets aan omeletten, salades, crêpes…*

chestnuts from the ardèche aop
kastanjes uit de ardèche aop

The 'bread tree', as the chestnut tree was once called due to it being the only available source of food, is naturally at home in the Ardèche. It is grown in 172 communes, on 6,000 hectares of land, and the chestnuts harvested in this area account for around 20% of national production. These impressive figures give an idea of how the various varieties of chestnut – Comballe, Bouche-Rouge, Sardonne, Pourette and Marron – play an important role in the region's economy. Not just fresh chestnuts, but above all, products made using them, like marrons glacés, chestnut purée and chestnut beer. These take centre stage at the *Castagnades*, a series of celebrations that take place every year from October to November, with fairs, markets, chestnut-themed menus, shows and conferences in towns like Meyras, Saint Pierreville, Désaignes, Privas, Antraigues, Joyeuse, Saint André Lachamp and others.

De naam "broodboom", zoals de kastanjeboom ooit werd genoemd omdat hij vroeger vaak de enige bron van voedsel was, heeft in de Ardèche de perfecte omstandigheden gevonden. De teelt strekt zich uit over 172 gemeentes en 6.000 hectare; samen produceert men hier de helft van de totale nationale productie aan kastanjes. Deze indrukwekkende cijfers geven al aan dat de verschillende soorten van de kastanje – Comballe, Bouche-Rouge, Sardonne, Pourette, Marron – weer een belangrijke economische rol spelen in deze regio. Niet alleen verse kastanjes maar ook allerlei afgeleide producten als marron glacés, kastanjepuree, kastanjebier, staan centraal in de Castagnades, een serie feesten die elk jaar in oktober en november beurzen, markten, thematische menu's, optredens en conferenties biedt in plaatsen als Meyras, Saint Pierreville, Désaignes, Privas, Antraigues, Joyeuse, Saint André Lachamp…

rhône-alpes
chicken with chestnuts kip met kastanjes

1 free range chicken about 1–1.5kg, 500 g peeled chestnuts,
200 g mushrooms, 2 Abate Fetel pears, 1 stock cube,
1 l water, butter, salt, pepper

Peel the pears and cut into quarters. Put half the pears inside the chicken, then season with salt and pepper and rub the softened butter all over it. Place the chicken in a baking dish and arrange the remaining pears around it. Pour in half a litre of water and cook in a preheated oven at 160 °C for 2 hours. Cut the stock cube in half and place the two halves on either side of the chicken. Add the chestnuts and the cleaned mushrooms. Pour in the rest of the water and put back in the oven at 180 °C for about 45 minutes, then serve.

1 scharrelkip van ongeveer 1,5 kg, 500 gr gepelde kastanjes, 200 gr champignons, 2 Abate-peren, 1 bouillonblokje, 1 l water, boter, zout, peper

Schil de peren en snijd ze in kwarten. Vul de kip met de helft van de peer, breng de kip op smaak met zout en peper en besmeer met op kamertemperatuur gebrachte boter. Leg hem in een bakblik en verdeel de overgebleven stukjes peer eromheen. Schenk er een halve liter water bij en kook 2 uren in een voorverwarmde oven op 160 °C. Snijd het bouillonblokje in tweeën en leg het aan weerszijden van de kip. Voeg de kastanjes en schoongemaakte champignons toe. Schenk het overgebleven water erbij en laat ongeveer 45 minuten koken op 180 °C.

picodon from the ardèche aop
picodon uit de ardèche aop

The finest goat's cheese made in the Ardèche and Drôme areas. This small, soft, cylindrical cheese comes in two versions: the first is *Picodon de l'Ardèche AOP* (5–7 cm in diameter, 1.8–2.5 cm high and weighing 60 g), aged for at least a week, and the second is *Picodon Affiné Méthode Dieulefit* (4.5–6 cm in diameter, 1.3–2.5 cm high and weighing 45 g), aged for around a month. The different ripening periods greatly influence the flavour of the cheese: the younger version has a piquant, fresh milk flavour (the word *picodon* comes from an Occitan term meaning spicy), while the mature cheese has a more acidic flavour with a subtle nutty aftertaste. Both versions have a white rind with a blue tinge, and a whitish-yellow interior. An interesting way to savour this cheese is to leave it to soak in white wine, brandy or oil.

De picodon is de beste geitenkaas afkomstig uit de streken Ardèche en Drôme. Deze kleine kaas met de vorm van een cilinder en zachte kaasmassa is te vinden in twee versies. De eerste is Picodon de l'Ardèche AOP *(doorsnee 5-7 cm, hoogte 1,8-2,5 cm en gewicht 60 g), minstens 1 week gerijpt. Het tweede type is* Picodon Affiné Méthode Dieulefit *(doorsnee 4,5-6 cm, hoogte 1,3-2,5 cm en gewicht 45 gr), circa een maand gerijpt. Deze verschillende rijpingsduren hebben een grote invloed op de smaak van de Picodon. De kaas, die gemaakt wordt van verse melk, heeft een scherpe smaak (het woord* picodon *is afgeleid van een Occitaanse term die 'scherp' betekent) wanneer hij minder gerijpt is, terwijl de rijpere versie een zuurdere smaak met een nootachtige nasmaak heeft. Beide versies hebben een witte, soms een beetje blauwe korst en de kaasmassa is geelwit. Een interessante manier om deze kaas eens te proeven is door hem te weken in witte wijn, sterkedrank of olie.*

rhône-alpes
pike dumplings quenelle van snoek

For the dough: 125 g flour, 90 g butter, 400 ml milk, nutmeg, salt, pepper
For the filling: 500 g pike fillet, 250 g butter, 4 egg yolks, 2 eggs, nutmeg, salt, pepper
For the Nantua sauce: 500 ml béchamel sauce, 200 ml cream, shrimp butter

For the dough: bring the milk to the boil with the butter and a grating of nutmeg. Season with salt and pepper. Add the flour and stir quickly. Lower the heat and, stirring constantly, simmer for 20 minutes. Leave to cool. For the filling: crush the pike fillets in a mortar until reduced to a pulp, adding a grating of nutmeg and a pinch of salt and pepper. Add the butter to the filling and the dough. Mix then add the egg yolks and the eggs one at a time. Form dumplings, using 2 spoons, then set them on a tray. Place in the freezer for at least 3 hours. For the sauce: heat the béchamel sauce, add the cream and the shrimp butter. Simmer until reduced by a third and keep warm. Bring 2 litres of salted water to the boil in a deep pot. Poach the dumplings for 15 minutes. Drain and place on a towel. Arrange 2 or 3 dumplings on a plate and pour the Nantua sauce all over them.

Voor de pasta: 125 gr bloem, 90 gr boter, 400 ml melk, nootmuskaat, zout, peper. Voor de vulling: 500 gr snoekfilet, 250 gr boter, 4 eierdooiers, 2 eieren, nootmuskaat, zout, peper. Voor de Nantuasaus: 1/2 l bechamelsaus, 200 ml room, garnalenboter

Voor de pasta: breng de melk aan de kook met boter en geraspte nootmuskaat; voeg zout en peper toe. Voeg de bloem toe en klop stevig. Zet het vuur lager, laat al roerend 20 minuten doorkoken en afkoelen. Voor de vulling: prak in een vijzel de snoek fijn samen met wat nootmuskaat en zout en peper. Voeg boter en de pasta bij de vulling. Goed mengen en één voor één de eierdooiers en de eieren toevoegen. Maak quenelles met twee lepels, leg die op een schaal en zet ze minstens 3 uren in de diepvries. Voor de Nantuasaus: verwarm de bechamel, voeg room en garnalenboter toe. Laat voor éénderde inkoken, en houd warm. Kook de quenelles 15 minuten in een pan met 2 liter gezout kokend water. Laat ze uitlekken en leg ze op een theedoek. Leg 2 of 3 quenelles op een bord en maak af met de Nantuasaus.

tome des bauges aoc
tome des bauges aoc

Tome des Bauges AOC is peasant food par excellence: for centuries it has put in an appearance at every meal. The name reveals it is produced in the area around the Bauges massif in the departments of Haute Savoie and Savoie. The milk used comes exclusively from Abondance, Tarina and Montbéliarde cows. Once the rennet has been added, the curd is broken into small pieces, heated and placed in the moulds. After this the cheese is pressed, without removing the whey or adding water. At this stage, which lasts about seven hours, the cheeses are stacked and turned at least 4 times. Then they are hand salted, dry or in brine. After around 30 days Tome des Bauges AOC is ready, cylindrical in shape (18–20 cm in diameter, 3–5 cm high and weighing 1–1.5 kg) with an uneven grey rind that sometimes features mould. It is a rustic cheese that is delicious eaten with a slice of homemade bread to enhance its flavour.

Tome des Bauges AOC *kan met recht "boerenvoedsel" worden genoemd, aangezien het al eeuwen bij elke maaltijd op de tafel te vinden is. Uit de naam is al op te maken dat het productiegebied te vinden is rondom het Baugesmassief in de departementen Haute-Savoie en Savoie. De kaas wordt gemaakt van koemelk die exclusief afkomstig is van koeien van de rassen Abondance, Tarina en Montbéliarde, waaraan stremsel wordt toegevoegd. Wanneer de wrongel zich begint te vormen wordt deze stuk gemaakt, verwarmd en overgebracht in de kaaspers. Nu vindt de persfase plaats, zonder dat de wei wordt afgetapt of water toegevoegd. De kazen worden tijdens het persen (een fase die ongeveer 7 uur duurt) gestapeld en minstens viermaal omgedraaid. Het zouten gebeurt nog met de hand, droog of in een zoutbad. Na ongeveer een dertigtal dagen is de Tome des Bauges AOC rijp. De kaas heeft een ronde vorm (18-20 cm doorsnee, hoogte 3-5 cm en gewicht 1-1,5 kg), met een grijze, onregelmatige korst met af en toe wat schimmel. Het is een rustieke kaas die heel lekker is met boerenbrood zodat de karakteristieke smaak extra goed tot zijn recht komt.*

bresse turkeys aop
kalkoen uit bresse aop

Dinde de Bresse AOP are reared in the Bresse area, which straddles the Franche-Comté, Rhône-Alpes and Burgundy regions. It is an area of pastureland home to tasty worms and little insects which enrich the diet of the turkeys, usually raised on cereals. There are strict rules governing how the turkeys are raised, divided into three stages of 'growth'. The first 'nursery' stage lasts 10 weeks, and applies only to chicks born before 1 June, in flocks of up to 1,500 birds. The second intermediate stage lasts 15 weeks, and is when the turkeys are allowed out into the fields. The last stage is the fattening stage, where there must be no more than five birds per square metre, and they must reach a weight of 3.5 kg for the females and 6 kg for the males. Dinde de Bresse is sold whole or jointed and is suitable for a great variety of uses in cooking – sandwiches, salads, cordon bleu and more.

Dinde de Bresse AOP *worden gefokt in het gebied van Bresse, dat de regio's Franche-Comté, Rhône-Alpen en Bourgogne overlapt. De weiden hier zijn rijk aan sappige wormen en andere kleine insecten die de voeding van de kalkoen, normaliter gebaseerd op granen, verrijken. De richtlijnen voor deze manier van fokken zijn zeer streng en onderverdeeld in de drie groeifases van het dier: de eerste 10 maanden zijn de "kweekschool" van de kalkoen, waarin de kuikens die geboren zijn vòòr de eerste dag van juni onderverdeeld worden in groepen van maximaal 1.500 exemplaren. De tweede fase is de tussenfase die 15 weken duurt en waarbij de jonge kalkoenen over bovengenoemde weiden mogen dwalen. De laatste fase is die van het vetmesten, waarbij er maximaal 5 kalkoenen per vierkante meter mogen leven en de vrouwtjes een gewicht bereiken van 3,5 kg en de mannetjes 6 kg. De Dinde de Bresse is te koop als hele kalkoen, of in stukken, en het vlees is heel geschikt voor de bereiding van broodjes, salades, cordon bleu…*

montélimar nougat
nougat uit montélimar

A sweet of ancient origins, *Nougat de Montélimar* owes its fame to a curious legend about Tante Manon, who lived in Montélimar at the end of the 17th century. Her secret recipe for a delicious sweet was a favourite with the local children, and when they managed to get a taste they would say: *'Tante Manon, tu nous gâtes!'* ('Aunt Manon, you spoil us!'). When Tante Manon died she left the recipe for the sweet, dubbed Nougat, to her youngest niece. More prosaically, Montélimar gained its monopoly on nougat in the 16th century, taking over from Marseilles, when almonds took over from hazelnut cultivation. Nougat de Montélimar is made with at least 30% shelled almonds from Provence, lavender honey, pistachio nuts, egg white, glucose and vanilla. It comes in hard and soft versions, depending on the cooking time. This delicious speciality of the Drôme department is a classic Christmas sweet.

De Nougat de Montélimar, *waarvan de oorsprong in de loop der tijd verloren is gegaan, dankt zijn naam aan een merkwaardige legende. Tante Manon, een inwoonster van Montélimar die leefde aan het einde van de zeventiende eeuw, had een geheim recept voor een heerlijke zoetigheid. Alle kinderen die ervan proefden, riepen uit:* "Tante Manon, tu nous gâtes!" *("Tante Manon, je verwent ons!"). Na de dood van tante Manon werd het recept met de naam Nougat nagelaten aan het jongste kleinkind. De meer alledaagse geschiedenis van het monopolie op de productie van nougat in Montélimar gaat terug tot de zestiende eeuw. Tot die tijd was de productie het privilege van Marseille, dankzij het verbouwen van de amandelen die de hazelnoten kwamen te vervangen. Nougat de Montélimar wordt gemaakt van minstens 30% gepelde amandelen afkomstig uit de Provence. Hieraan worden lavendelhoning, pistachenoten, eiwit, glucose en vanille toegevoegd. De nougat is te vinden in harde en in zachte vorm, afhankelijk van de kooktemperatuur. Deze exquise specialiteit uit de Drôme is nu één van de klassiekers onder de zoetigheden, vooral rond de Kerst.*

bugnes lyonnaises bugnes lyonnaises

500 g flour, 6 eggs, 150 g butter, 80 g granulated sugar,
1 teaspoon baking powder, 2 dessert spoons orange flower water (optional),
icing sugar, oil for frying, salt

Put the flour, sugar, baking powder, a pinch of salt in a bowl and make a well in the centre. Add 4 yolks and 2 whole eggs and mix. Melt the butter in a pan, leave to cool, then pour into the mixture along with the orange flower water. Knead for around 15–20 minutes to create a smooth dough. Leave to rest for around 3 hours covered by a tea towel. Roll out the dough into a thin sheet using a rolling pin. Cut out rectangles, and make a slit in the centre of each with a knife. Fry the bugnes in boiling oil, then drain on kitchen paper, leave to cool and sprinkle with icing sugar.

500 gr bloem, 6 eieren, 150 gr boter, 80 g kristalsuiker, 1 theelepeltje gist, 2 lepels oranjebloesemwater (naar keuze), poedersuiker, olie om te frituren, zout

Doe bloem, suiker, gist en een snuifje zout in een diep bord. Maak een kuiltje in de top. Voeg 4 eierdooiers en twee hele eieren toe en kneed door elkaar. Laat in een pannetje de boter smelten, laat afkoelen en schenk vervolgens met het oranjebloesemwater over het deegmengsel. Ongeveer 15-20 minuten goed kneden tot een elastisch deeg. Dek af met een theedoek en laat ongeveer 3 uren rusten. Rol op een plat werkvlak het deeg met een roller uit tot een dunne plak. Snijd rechthoekjes uit het deeg en maak met een mes een inkeping in het midden. Frituur de bugnes in kokende olie en schep ze met een schuimspaan uit de pan. Laat ze uitlekken op keukenpapier en afkoelen en bestrooi ze dan met de poedersuiker.

aquitaine

A visit to the Lot-et-Garonne department in the heart of the region, or France's largest department, the Gironde and its capital Bordeaux, would suffice to make any trip to Aquitaine unforgettable. This region is indeed home to the vineyards where world famous wines (Médoc, Pomerol, Sauternes) are made. But Bordeaux, crossed by the river Garonne, is also an important city of art, on a par with the region's other important centres, like Périgueux, Marmande, Bayonne (known for its ham and famous chocolate) and Dax, France's number one spa town. Aquitaine also has its fair share of sumptuous treats for foodies: Perigord truffles, Chalosse foie gras, Agen prunes, Ossau Iraty cheese and Espelette chilli pepper. Visitors will also enjoy visiting the area's prestigious *chateaux* set amidst picturesque vineyards.

Alleen al het departement Lot-et-Garronne in het hart van de regio, of het grootste departement van Frankrijk de Gironde met de hoofdstad Bordeaux, maken een reis naar Aquitanië tot een onvergetelijke ervaring. Hier vindt men de uitgestrekte Bordeaux-wijngaarden waarvan de namen wereldwijd vermaard zijn: Médoc, Pomerol, Sauternes. De plaats Bordeaux, doorkruist door de rivier de Garonne, is echter ook een belangrijke kunststad, gelijk de andere mooie plaatsen gelegen in deze regio, zoals Périgueux, Marmande, Bayonne (de laatste zeer be-

kend om de ham en de beroemde chocolade), en Dax (wat gezien wordt als het belangrijkste kuuroord van Frankrijk). Voor lekkerbekken heeft Aquitanië een aantal ongelooflijke verrassingen in petto, zoals truffels uit de Périgord, de foie gras van Chalosse, de gedroogde pruimen uit Agen, de Ossau Iraty kaas en de pepertjes uit Espelette. Men moet tot slot beslist ook op ontdekkingstocht gaan langs de vele prestigieuze chateaux omringd door schitterende wijngaarden.

sauternes aoc
sauternes aoc

Sweet wines have always been attributed great prestige and appeal, and connoisseurs have voted *Sauternes AOC* the finest of its kind in the world. It is made in only five communes (Sauternes, Barsac, Bommes, Fargues and Preignac) in the south of the winemaking area of Bordeaux, using Sémillon, Sauvignon and a small quantity of Muscadelle grapes. The best Sauternes are made from grapes cultivated to give a low yield per hectare, harvested by hand (up to 12 times a year). It is important to select the ripe bunches with the right level of *pourriture noble* (noble rot) created by the *Botrytis cinerea* fungus that develops on the vine almost always in September. The grapes are crushed and the must is left to ferment in barrels for up to a year. The wine then ages in the barrel for another two to three years before being bottled. Sauternes is classified according to the official 1855 classification of Bordeaux wines into the categories of *Premier Cru Supérieur*, *Premiers Crus* and *Deuxièmes Crus*.

Zoete wijnen worden al sinds tijden beschouwd als fascinerende wijnen met prestige. Met name Sauternes AOC *wordt door kenners gezien als de beste likeurwijn ter wereld. De wijn wordt gemaakt in slechts 5 gemeenten (Sauternes, Barsac, Bommes, Fargues en Preignac) in de zuidelijke gebieden van de wijnstreek Bordeaux. De gebruikte druiven zijn de sémillon, een gedeelte sauvignon blanc en een kleine hoeveelheid muscadelle-druiven. De beste Sauternes komen van wijngaarden waar de opbrengst per hectare laag is en de druiven met de hand worden geoogst (soms zelfs twaalf maal per jaar) zodat alleen de rijpe trossen worden geplukt. Ook de hoeveelheid edele schimmel of* pourriture noble *is belangrijk: de schimmel* Botrytis cinerea *steekt vrijwel altijd de kop op in de wijngaarden in september en heeft een gunstig effect op de smaak. De geplukte druiven worden geplet en de most laat men tot een jaar fermenteren in vaten. De wijn rijpt vervolgens nog 2 of 3 jaar op vat voordat hij wordt gebotteld. Sauternes worden onderverdeeld volgens de officiële classificering voor Bordeauxwijnen uit 1855:* Premier Cru Supérieur, Premiers Crus *en* Deuxiémes Crus.

chilli peppers from espelette aop
pepertjes uit espelette aop

The village of Espelette in the Pyrénées-Atlantiques region stands out for the red colour that dominates it. This area is home to the *Piment d'Espelette AOP*, the *Gorria* variety of *Capsicum annuum L.*, a chilli pepper that can be found fresh, in plaits hung in the windows to dry, and in powder form. Cultivation is governed by strict regulations that entail sowing in the field, and never in the greenhouse, from 1 April to 15 July; a ban on watering, except when transplanting; the exclusive use of organic additives of agricultural origin; and harvesting by hand only those peppers that are 80% red. The plaits of fresh Piment d'Espelette (each plait has a minimum of 20 and a maximum of 100 peppers) must be sold within 48 hours of harvesting, while the version in powder must be from peppers harvested that year, dried for at least 15 days. The chilli peppers are also available in processed products, in oil, vinegar, sauces, purées, pickles and so on.

Reizend door het dorpje Espelette in het departement Pyrénées-Atlantiques staat men versteld van de alomtegenwoordigheid van de kleur rood. Dit is het gebied waar de Piment d'Espelette AOP *vandaan komt. De soortnaam van dit pepertje is* Capsicum annuum L., *de ondersoort* Gorria; *het pepertje wordt in verse vorm uit ramen te drogen gehangen. De peper is ook in gemalen vorm te vinden. Het verbouwen van dit "hoorntje" is onderhevig aan strenge regelgeving die verplicht dat de pepers gezaaid worden in open veld (nooit in kassen), van 1 april tot 15 juli; irrigatie is verboden, tenzij het de periode van het ompoten is. Er mogen alleen maar organische additieven worden toegevoegd en de oogst moet met de hand gebeuren. Alleen de pepers die 80% rood zijn mogen geoogst worden. De handel in slingers van verse Piment d'Espelette (elke keten bestaat uit minstens 20, maximaal 100 pepertjes) moet binnen 48 uur na de oogst gebeuren. Voor de gemalen peper moeten de pepertjes eerst 15 dagen drogen en mogen alleen pepers worden gebruikt die in de loop van het jaar werden geoogst. De pepertjes komen ook voor in afgeleide producten als olie, azijn, sauzen, puree, mosterd.*

margaux aoc
margaux aoc

This designation dates back to the official 1855 classification of Bordeaux wines that takes in the communes of Margaux, Cantenac, Labarde, Soussans and Arsac. A 19th century neo-classical residence, Château Margaux is the most important château in the *Appellation*, Premier Cru Classé. In this area, apart from the climate and terrain suited to making outstanding wines, what counts is the skill of the winemakers, who create not only red but also white *Margaux AOC* (using Sauvignon and Sémillon grapes). As for the reds, decades of ageing go into making a wine of great balance and finesse, the most polished in Bordeaux. Château Margaux is the only *Premier Cru* in this AOC, one up from the *Crus Classés* and *Crus Bourgeois*. It makes an ideal accompaniment for game or red meat main courses, or a selection of mature cheeses.

Deze wijnaanduiding gaat terug tot de officiële classificeringen uit 1855 voor Bordeauxwijnen. De streek omvat de gemeenten Margaux, Cantenac, Labarde, Soussans en Arsac en kan bogen op de belangrijkste Château van deze Appelation, Premier Cru Classé. *Château Margaux is ook een achttiende-eeuws landhuis in neoklassieke stijl. Deze regio biedt niet alleen een gunstig klimaat en terrein voor de productie van kwaliteitswijnen, maar ook een schat aan kennis en arbeid die ervoor hebben gezorgd dat de Margaux AOC, niet alleen de rode maar ook de witte wijn (sauvignon- en sémillon-druiven) zich tot klassiekers ontwikkelden. De tientallen jaren die de rode wijn moet rijpen, maken dat de wijn een grootse balans en elegantie heeft en één van de zachtste Bordeauxwijnen is. Château Margaux is de enige* Premier Cru *onder de AOC-aanduidingen en men kan gerust stellen dat deze wijn in vergelijking tot de andere* Crus Classés *of* Crus Bourgeois *een hoger niveau bereikt. De wijn is de perfecte begeleider voor gerechten met wild of rood vlees en gaat ook zeer goed samen met een schotel gemengde rijpere kazen.*

aquitaine
basque-style chicken baskische kip

1 chicken (about 1 kg) cut into pieces, 700 g tomatoes, 500 g green and red peppers,
2 onions, 50 g Bayonne ham, 1 bouquet garni, 1 glass white wine, Espelette chilli powder,
extra-virgin olive oil, 50 g butter, salt, pepper

Peel the onions and chop finely. Peel and dice the tomatoes. Wash the peppers and cut into strips lengthwise. Put 3 spoonfuls of oil in a pan and gently fry the chopped onions and the strips of pepper for 5 minutes. Add the diced tomatoes, salt and pepper and cook for 20 minutes. Place the butter in a casserole with the diced ham and the pieces of chicken. Cook until golden, add salt and pepper to taste, then transfer into the vegetable pan. Add the bouquet garni, wine and chilli powder. Cook covered, for 30 minutes, then serve.

1 kip van ongeveer 1 kg (gesneden), 700 gr tomaten, 500 gr groene en rode paprika's, 2 uien, 50 gr Bayonneham, 1 bouquet garni, 1 glas witte wijn, 1 gemalen Espelette-pepertje, extravergine olijfolie, 50 gr boter, zout, peper

Schil de uien en hak ze fijn. Schil de tomaten en snijd ze in blokjes. Was de paprika's en snijd ze in reepjes. Fruit de gesnipperde ui en de paprikareepjes 5 minuten in een steelpan met drie eetlepels olie. Voeg de tomatenblokjes, zout en peper toe en laat 20 minuten koken. Doe in een stoofpot de in dobbelsteentjes gesneden ham met de boter en de stukken kip. Laat goudbruin worden en voeg zout en peper naar smaak toe. Voeg het vlees bij de groenten. Voeg het bouquet garni, de wijn en het gemalen pepertje toe. Laat 30 minuten koken met het deksel op de pan, en dien vervolgens op.

wines of bordeaux
bordeauxwijnen

This is the region that most represents the French wine industry. And it is also the country's biggest production area, making around 700 million bottles a year. Bordeaux is synonymous with reds (80% of total production) obtained from grapes like Cabernet Sauvignon, Cabernet Franc and Merlot, now known internationally as the Bordeaux blend. There are not only reds, but also dry whites and above all noble rot whites such as Sauternes and Barsac. *Vins Liquoreux* are made almost exclusively from white Sémillon grapes. Bordeaux is also famous for being the region of *châteaux*, *crus* and *terroir*, terms which often need to be associated with wine classifications in order to be understood. The most famous wine areas are the Médoc, in the north, around the Gironde estuary, home to the most famous *châteaux*; Grave, south of Médoc, divided between whites and reds; Sauternes and Barsac, heading south along the Garonne river; and lastly the *Libournais* area, near the town of Libourne, with the renowned reds of Saint-Emilion and Pomerol.

De streek van de Bordeaux is representatief geworden voor Franse wijn in de rest van de wereld. Hier vindt de grootste jaarlijkse wijnproductie plaats, circa 700 miljoen flessen. Bordeaux is synoniem met rode wijn (80% van de totale productie) van druiven als cabernet sauvignon, cabernet franc en merlot, die ondertussen "internationaal" bekend staan als het Bordeaux-mengsel. Ook witte wijnen komen uit deze streek; droge witte wijnen en vooral zoete wijnen als Sauternes en Barsac. Deze Vin Liquoreux *worden vrijwel exclusief gemaakt van witte sémillon-druiven. De Bordeauxstreek is ook beroemd als de streek van de* château, de cru en de terroir, *termen die velen zullen associëren met de wijnaanduidingen waarmee ze vaak worden gecombineerd. De beroemdste gebieden voor Bordeauxwijnen zijn de Médoc in het noorden, langs de uitmonding van de Gironde waar enkele zeer beroemde Châteaux zijn te vinden; de Grave, ten zuiden van de Médoc, een gebied dat is opgedeeld in rode en witte wijnen; Sauternes en Barsac, richting het zuiden, de loop van de Garonne volgend, en tot slot het gebied dat* Libournais *heet, naar de nabijgelegen stad Libourne en waar de twee plaatsen Saint-Emilion en Pomerol beroemde rode wijnen hebben.*

béarnaise stew stoofpot béarnaise

1 kg beef, 200 g prosciutto crudo in one slice, 1/2 bottle red wine, 10 peppercorns,
1 onion studded with 2 cloves, 1 clove garlic, thyme, bay leaf, potatoes,
40 ml extra-virgin olive oil, salt, peppercorns, ground pepper

Place the chopped meat in a container together with the red wine, clove-studded onion, garlic, thyme, bay leaf, peppercorns and oil. Leave it to marinate for 12 hours. Cut the rind off the ham and place it on the bottom of the pan, then add the chopped meat and the diced ham. Pour in the strained marinade and season with salt and pepper. Bring to the boil, cover, lower the heat and simmer for 30 minutes. Place a steamer over the pot and cook the potatoes for about 12 minutes. Serve the meat with the potatoes.

1 kg rundvlees, 200 gr rauwe ham (in een enkele plak), 1/2 fles rode wijn, 10 peper-korrels, 1 ui met 2 kruidnagels erin geprikt, 1 teentje knoflook, tijm, laurier, aardappels, 2 eetlepels extravergine olijfolie, zout, peper-korrels, gemalen peper

Doe het in stukken gesneden vlees in een kom samen met de rode wijn, de ui met kruidnagel, de knoflook, de tijm, de laurier, de peperkorrels en de olie. Laat 12 uren marineren. Snijd het zwoerd van de ham en verdeel het over de bodem van een pan, voeg de stukken vlees en de in blokjes gesneden ham toe. Schenk de gezeefde marinade erbij en voeg zout en peper toe. Breng aan de kook, doe het deksel op de pan, zet het vuur laag en laat 30 minuten zacht door-koken. Zet een stoommandje op de pan en stoom er, in ongeveer 12 minuten, de aardappels in gaar. Ser-veer het vlees met de gestoomde aardappels.

bayonne ham igp
ham uit bayonne igp

Have you ever tasted a slice of freshly cut *Jambon de Bayonne IGP*? It is a unique taste sensation: the ham melts in the mouth, with a characteristic salty tang – perceptible but not excessive – that makes it outstanding. If you want to sample it and you have three days to spare, visit the annual ham festival in Bayonne, which has been going on for a mere five centuries, starting on Maundy Thursday. This product is a tribute to human skill, and is created in various stages: the fresh hams (weighing a minimum of 8.5 kg) are selected, then salted, dried and cured (for at least 7 months). One of the secrets behind this ham's success is the favourable climate of the Adour basin and the deposits of rock salt in the area, which contribute to its sweet flavour and soft consistency. Delicious raw or cooked, it makes a great starter, stuffing for meat dishes and more.

De smaakervaring van voor de eerste keer een plak versgesneden Jambon de Bayonne IGP *proeven is onvergetelijk: de ham die smelt in de mond, de zoute smaak van de ham die precies goed is... Mocht u drie dagen ter beschikking hebben en deze ervaringen willen herbeleven, dan kunt u het festival van de ham bezoeken. Dit festival, dat al 500 jaar gehouden wordt in Bayonne, begint elk jaar op Witte Donderdag. De ham is sterk afhankelijk van de hand van de meester in alle stappen van de productie: het selecteren van de verse ham (met een gewicht van minstens 8,5 kg), het zouten, rijpen en verouderen (minstens 7 maanden). Een groot deel van het succes van deze ham is te danken het gunstige klimaat van het bassin van de Adour en de nabijgelegen zoutreserves die het karakteristieke zoete aroma en de zachte structuur mogelijk maken. Deze ham is heerlijk als voorgerecht, of voor het vullen van vleesgerechten, zowel rauw als gekookt.*

sainte-alvère truffles
truffels van sainte-alvère

Walking in the woods between November and March in the Périgord area it is still possible to come across a truffle dog at work. With their highly developed sense of smell these animals are trained to dig up *Tuber melanosporum*, at a depth of 5 to 30 cm, perhaps among the roots of majestic trees like oak, walnut and pine. Truffles are a specific kind of fungus that feeds on decomposing organic material. They come in different, irregular shapes, and are black to brown in colour, but for those who adore their aroma of earth and forest floor and aftertaste of toasted nuts, they are a heavenly treat. In 2007 the town of Sainte Alvère and the *Conseil Interprofessionnel des Vins de la Région de Bergerac* came together to establish the *Prix Ragueneau*, a culinary prize dedicated to the *Truffe de Saint Alvère* (*la Perle Noir du Périgord*) and the wines of Bergerac. Truffles can be eaten cooked, with scrambled eggs, as an ingredient in stuffings for red meat and poultry, in sauces, preserved in olive oil and many other ways.

Wandelend door de bossen van de Périgord tussen november en maart, kan het gebeuren dat u plots een roedel truffelhonden tegenkomt die met hun gevoelige neus op zoek zijn naar de Tuber melanosporum. *Deze truffel groeit 5 tot 30 cm onder de grond, vaak tussen de wortels van majestueuze bomen als eik, hazelaar, den. Het is een bijzondere zwam die zich voedt met organisch materiaal dat aan het vergaan is. De zwam kan uiteenlopende en onregelmatige vormen aannemen, met kleurverschillen die gaan van zwart tot bruin. Het is een hemels product voor wie de geur van aarde en bos en de nasmaak van geroosterde noten kan waarderen. Sinds 2007 heeft de gemeente Sainte Alvère samen met de* Conseil Interprofessionnel des Vins de la Région de Bergerac *een vereniging opgericht voor de* Prix Ragueneau, *een culinaire prijs gewijd aan de* Truffe de Saint Alvère (la Perle Noir du Périgord) *en de wijnen van Bergerac. De truffel kan men gekookt eten met roerei, of als vulling bij gerechten met wild of rood vlees, of in sausen, bewaard in olijfolie…*

tournedos rossini tournedos rossini

2 fillet steaks wrapped in cured pork fat (150 g), 125 g duck foie gras, 12 g Périgord black truffle, 30 ml port, 1 teaspoon beef stock concentrate, 35 g butter, salt, pepper

Place the butter and fillet steaks in a hot pan. Cook according to taste. Season with salt and pepper. Remove from the pan and keep warm. Cut the foie gras into two thick slices, heat in the pan where the meat was cooked and then place on the steaks. De-glaze the pan by adding the port and the beef stock concentrate diluted in a little water. Add the sliced truffle and pour the sauce over the steaks. Serve immediately.

2 met vet gelardeerde medallions (van 150 gr), 125 gr foie gras van eend, 12 gr zwarte truffel uit de Périgord, 30 ml port, 1 eetlepel vleesfond, 35 gr boter, zout, peper

Bak de medaillons in een pan op hoog vuur, naar smaak rosé of doorbakken. Voeg zout en peper toe. Haal ze uit de pan en houd ze warm. Snijd de foie gras in twee dikke plakken. Haal de plakken door het bakvet van het vlees en leg ze vervolgens op de medaillons. Deglaceer de pan met de port en de vleesfond, aangelengd met een beetje water. Voeg de truffel in plakjes toe en maak de medaillons op met de truffelsaus. Meteen serveren.

prunes from agen igp
pruimen uit agen igp

How many plums are needed to make a kilo of prunes? The answer, 3.5 kg, sparks curiosity about the production process that goes into *Pruneaux d'Agen IGP* (dried) and *Pruneaux d'Agen mi-cuits IGP* (semi-dried), from Aquitaine and the Midi-Pyrénées. The first stage is the month-long harvest (from the end of August to the end of September), accomplished by the use of machines that shake the trees and collect the plums as they fall. The fruit is then selected and weighed, and placed on wooden slats. The plums are dried in special drying ovens (at 55–60 °C) for a few hours, sorted by size and slightly rehydrated. The Ente variety of plum is used, as it is most suited to processing, and maintains the characteristics, colour and sweet flavour of the fruit when dried. Versatile in cooking, they also boast an excellent preservability.

Hoeveel verse pruimen zijn er nodig voor één kilo gedroogde pruimen? Een interessante vraag, waarop het antwoord drie-en-een-halve kilo is. Ook interessant om te weten zijn de verschillende stappen in het maken van de gedroogde pruimen van de Pruneaux d'Agen IGP *(droog) en de* Pruneaux d'Agen mi-cuits IGP *(half-droog) uit Aquitanië en Midi-Pyrénées. De eerste fase is de oogst die een maand duurt (van eind augustus tot eind september); deze gebeurt door machines die de bomen schudden en het fruit opvangen; de tweede stap is de selectie; de derde stap het wassen en verdelen van de pruimen over houten bladen; de vierde stap is het enkele uren uitdrogen van de pruimen in speciale ovens (55-60 °C); de vijfde stap is de verdeling van de pruimen op basis van grootte, gevolgd door een lichte rehydratatie. Om de eigenschappen van de verse pruim -- de levendige kleur, de zoete smaak -- te bewaren, gebruikt men susinepruimen van de Ente-soort, die het meest geschikt zijn om op deze manier te worden bewerkt. Zeer veelzijdig in de keuken, ook omdat ze zeer lang houdbaar zijn.*

cannelés uit bordeaux bordeaux ribbed muffins

120 g flour, 200 g icing sugar, 2 eggs, 2 egg whites,
500 ml milk, 1 teaspoon vanilla powder,
100 ml dark rum, 25 g butter

Place the milk, the vanilla powder and the butter in a bowl and heat in the microwave. Mix the flour and the sugar in another bowl then add the eggs and the egg whites. Slowly pour in the hot milk mixture and stir to create a runny consistency. Add the rum and then pour the mixture into a ribbed muffin tin (for 6–12 muffins), up to a centimetre from the rim. Cook in a preheated oven at 200 °C for 10 minutes then at 180 °C for 40 minutes.

120 gr bloem, 200 gr poedersuiker, 2 eieren, 2 eiwitten, 1/2 l melk, 1 theelepel vanille-poeder, 100 ml donkere rum, 25 gr boter

Doe de melk, het vanillepoeder en de boter in een bakje en verwarm in de magnetron. Meng in een kom de bloem met de suiker, voeg de eieren en de eiwitten toe. Schenk langzaam de warme melk erbij en roer tot een vloeibaar beslag. Voeg de rum toe en schenk het beslag in een bakblik voor 6-12 muffins, tot ongeveer een centimeter onder de rand. Bak in een voorverwarmde oven, eerst 10 minuten op 200 °C en vervolgens 40 minuten op 180 °C.

périgord strawberries igp
aardbeien uit de périgord igp

France's favourite strawberries, these were once grown in the vineyards for family consumption. Thanks to the lorries that set out from the production area in the centre of Périgord, they now reach all markets, retail and wholesale. The *Fraise du Périgord IGP* designation covers various varieties – Gariguette, Gigaline, Cirafine, Darselect, Elsanta, Mara des bois and Seascape – which are available continuously from April to October. Each variety has its own characteristics: small, large, round, elongated, early, late and fragrant, along with the inimitable balance of strawberry sweetness and acidity. Strawberries are extremely perishable and must be eaten as fresh as possible, *au naturel*, with a little lemon juice and sugar, cream or ice cream. They are also used to make jam, for filling cakes or in delicious sauces which can be served with sweet or savoury dishes.

Deze aardbeien zijn het populairst onder de inwoners van Frankrijk. Ooit groeiden ze voor eigen gebruik tussen de wijnranken, maar tegenwoordig zijn de aardbeien uit de Périgord door heel het land beschikbaar op de markten en in de groot- en detailhandel. De aanduiding Fraise du Périgord IGP *omvat verscheidene variëteiten, zoals Gariguette, Gigaline, Cirafine, Darselect, Elsanta, Mara des bois, Seascap. De aarbeien zijn ononderbroken beschikbaar gedurende de periode van april tot oktober. Al deze aardbeiensoorten hebben hun eigen kenmerken: klein, groot, rond, uitgerekt, vroeg, laat, aromatisch... Wat ze allemaal gemeen hebben is de smaak, met een delicate balans tussen zoet en zuur die zo kenmerkend is voor dit fruit. Omdat ze zeer snel bederven, moeten ze zo vroeg en zo vers mogelijk gegeten worden,* au naturel, *met wat suiker en citroensap, slagroom of ijs, of omgetoverd in confituren voor taarten of smakelijke sausjes voor over zoete en hartige gerechten.*

midi pyrénées

The largest region in France, Midi-Pyrénées, in the south-west of the country, boasts a total of eight departments. History, art, natural landscapes and gastronomy: everything about the Midi-Pyrénées is as grand and spectacular as the legendary Col du Tourmalet, the Tour de France's biggest challenge. Cheese fans will savour famous products like Roquefort, Laguiole, Bleu des Causses and Bethmale, while if you're after wine and spirits, you'll be spoilt for choice with Gaillac, Madiran and Armagnac. Local specialities include the pink garlic of Lautrec and Tarbes beans (used to make *garbure*, a traditional Pyrenees soup), and the cured meats of the Lacaune hills. The region's capital, Toulouse, la *ville rose*, is home to the violet of the same name (which inspires an annual fair), used to make not only essences and perfume but also sweets, desserts, flavoured chocolates and a delicious liqueur.

D e meest uitgestrekte regio van Frankrijk ligt in het zuidwesten en bestaat uit acht departementen. Geschiedenis, kunst, natuur, gastronomie: alles in Midi-Pyrénées is groots en spectaculair als de legendarische Col du Tourmalet, een favoriete bestemming voor vele gepassioneerden van de Tour de France. Wie van kaas houdt, kan in deze regio terecht voor belangrijke producten als de Roquefort, de Laguiole, de Bleu des Causses, de Bethmalet; voor liefhebbers van wijn en sterkedrank is er eveneens keus te over, met prestigieuze namen als Gaillac, Madiran en Armagnac; qua groenten zijn er gewassen als de beroemde roze knoflook uit Lautrec en de bonen van Tarbes (die een hoofdrol spelen in de Garbure, een karakteristieke soep uit de Pyreneeën); wie de voorkeur geeft aan charcuterie, moet zeker eens de vleeswaren van de bergen van Lacaune proberen. In Toulouse, de ville rose en hoofdstad van Midi-Pyrénées, teelt men de beroemde viooltjes (waarvoor jaarlijks ook een groot feest wordt gehouden) waarmee men, naast essentiële oliën en parfums ook snoepgoed en patisserie, gearomatiseerde chocolade en een uitstekende likeur maakt.

pink garlic from lautrec igp
roze knoflook uit lautrec igp

A merchant who had stopped off to have lunch in a tavern near Lautrec but was unable to pay the bill, gave the landlord some cloves of pink garlic, that he immediately planted. Thanks to the area's chalky, clay soil, since then *Ail Rose de Lautrec IGP* has flourished, becoming a local speciality. The bulbs are still planted around New Year every year, and harvested at the start of the summer with all their leaves, then left to dry. This can take place in drying rooms (traditional method) or in silos, again with all the leaves (intermediate method) or with the leaves removed and placed in silos (stalk removal method). This garlic is known for its pink colour, and delicate, sweet flavour, appreciated even by those who do not often use it in cooking. It is best eaten raw to preserve all its properties. Its key uses are in *Soupe à l'ail*, croutons, fried with onion, and in different sauces.

Een koopman stopte eens bij een herberg in de buurt van Lautrec om een hapje te eten. Hij kon de rekening niet betalen, dus gaf hij de herbergier enkele teentjes roze knoflook. De herbergier plantte deze meteen en sindsdien groeit de Ail Rose de Lautrec IGP *als kool in de zeer gunstige kalkhoudende kleigrond van de regio. Nu is het één van de karakteristieke producten uit deze streek. Ook tegenwoordig worden de knollen gezaaid tussen het einde en het begin van het jaar. De oogst is in de zomer en de knoflook wordt met blad en al gerooid. In de daaropvolgende zomermaanden droogt men de bollen met blad in de droogkamer (de traditionele methode), of verzameld, ook weer met blad, en gedroogd in silo's (tussenmethode) of zonder blad in silo's (bladloze methode). De fijne en zachte smaak van deze knoflook met de roze-gekleurde teentjes wordt ook gewaardeerd door personen die misschien niet dagelijks knoflook gebruiken in de keuken. Het best zou zijn om de knoflook rauw te eten zodat de smaakeigenschappen niet veranderen.* Soupe à l'ail, *crostini, knoflook en ui gefruit in wat olie, dressings en sauzen: knoflook als basisingrediënt is een eerste belangrijke stap richting een succesvol eindresultaat.*

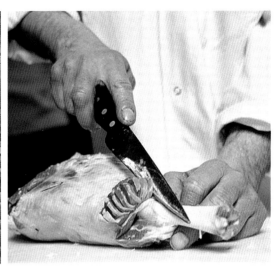

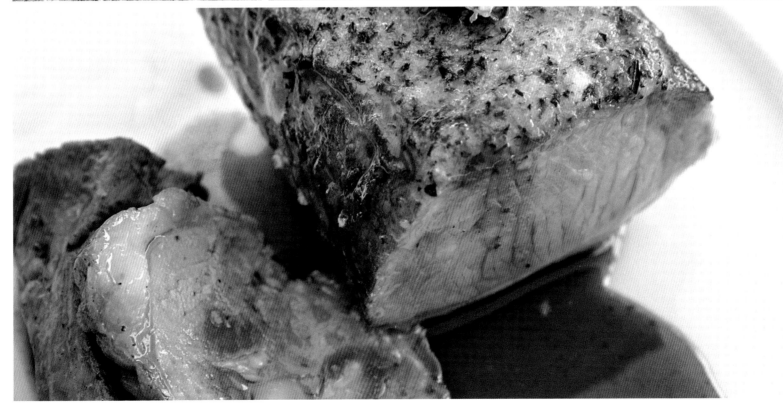

laiton aveyron lamb igp
lam van laiton aveyron igp

Sheep farms – the Lacaune breed – are a classic sight in the Aveyron department. France's largest and least-populated department, Aveyron has always been known for its agriculture and animal husbandry. *Agneau de Laiton Aveyron IGP* are reared on their mother's milk for the first two months of their lives, before being weaned onto of hay and straw until they are down to two milk feeds a day, and eating almost exclusively grain. The lambs are butchered at around 60–120 days, for tender, flavoursome meat. They are sold whole, without the head or jointed. The cut of meat is all important when it comes to cooking: it is de rigueur to cook the shoulder in *blanquette*, while the leg should be roasted with potatoes, rosemary and garlic. For barbecuing, ribs are the cut of choice.

In het departement Aveyron zijn de schapenfokkerijen van het ras Lacaune een bezienswaardigheid op zich. Dit dunstbevolkte en grootste gebied van Frankrijk is sinds jaar en dag verbonden aan landbouw en veeteelt. De Agneau de Laiton Aveyron IGP *krijgen de eerste twee maanden van hun leven moedermelk, daarna krijgen ze bij het zogen gras en hooi en uiteindelijk worden ze nog maar tweemaal per dag gezoogd, terwijl de rest van de voeding uit granen bestaat. De lammeren worden geslacht na ongeveer 60-120 dagen, zodat het vlees mals en smaakvol is. Ze worden in een stuk verkocht, zonder kop, of in stukken. Bij het bereiden van gerechten op basis van lamsvlees is het belangrijk om de juiste bereidingswijze te kiezen: een schouderstuk wordt meestal blanquette bereidt, terwijl lamsbout juist ideaal is voor bereiding in de oven, met aardappels, rozemarijn en knoflook. Voor het roosteren zijn ribbetjes het meest geschikt.*

floc de gascogne aoc
floc de gascogne aoc
floc de gascogne aoc

Floc de Gascogne AOC is an ancient Gascony tipple dating back to the 16th century (from Gers, various cantons of the Landes and Lot-et-Garonne). Meaning 'bouquet of flowers' in Occitan, it was originally produced only for family consumption, but in 1976 it finally reached the market. Floc de Gascogne AOC comes in the versions Floc blanc, made with Colombard, Ugni Blanc and Gros Manseng grapes, and Floc rosé (commonly known as Floc rouge), made with Cabernet Franc, Cabernet Sauvignon, Merlot and Tannat grapes. On the occasion of the harvest two parts of a 'young' Armagnac is mixed in a vat with one part fresh grape juice, and this concoction rests till the end of the winter. It is then decanted, clarified, filtered and stabilised to create Floc de Gascogne, ideal not only as an aperitif but also to accompany a terrine of foie gras, cheese or a sweet.

Aan de basis van de bereiding van Floc de Gascogne AOC *ligt een klassiek recept dat teruggaat tot de zestiende eeuw en dat afkomstig is uit de streek Gascogne (Gers, enkele kantons in Landes en in Lot et Garonne). De naam betekent "boeket van bloemen" in het Occitaans en het is een product dat in vroeger tijden bestemd was voor thuisconsumptie maar sinds 1976 ook in de handel verkrijgbaar is. De* Floc de Gascogne AOC *is te vinden als Floc blanc met colombard-, ugni blanc- en gros manseng-druiven, en Floc rosé (in de volksmond ook wel Floc rouge), gemaakt van cabernet franc, cabernet sauvignon, merlot en tannat. Na het oogsten worden twee delen "jonge" Armagnac in een wijnvat gemengd met een derde deel vers druivensap. Dit mengsel laat men rusten tot na de winter. Vervolgens volgen het overhevelen, klaren, filteren en stabileren en dan is de Floc de Gascogne geboren. Niet alleen lekker als aperitief, maar ook uitstekend bij een terrine van foie gras, wat kaas of een dessert.*

armagnac aoc
armagnac aoc

armagnac aoc

The three Musketeers undoubtedly toasted with the oldest brandy in the world. Armagnac AOC came into being in Gascony, in an area that takes in the department of Gers, part of Lot-et-Garonne and part of the Landes. This area is divided into three parts with very different characteristics, which correspond to the three crus of *le lait des vieillards* ('milk for old men'). Bas-Armagnac or 'Black Armagnac' – the most refined, aromatic variety – ages for up to 15 years; Ténarèze makes a 'harder' brandy with a bouquet of violets, and Haut-Armagnac is the area for less-prized brandies. The main grape variety used is Saint-Emilion, as well as Folle Blanche and Colombard. The bronze continuous still used to produce Armagnac is known as an *Armagnacais*. The brandy is divided into three designations by age: *Trois Etoiles*, aged for one year; *V.O. (Very Old)*, *V.S.O.P. (Very Superior Old Pale)* and *Réserve*, aged for more than four years; and *Extra*, *Hors d'Age*, *Napoleon*, *X.O. (Extra Old)* and *Vieille Réserve*, aged for more than five years.

De Drie Musketiers van de koning van Frankrijk proostten met het oudste eau-de-vie ter wereld. Armagnac AOC werd geboren in Gascogne, een gebied dat valt onder het departement Gers, een gedeelte van het departement Lot et Garonne en een gedeelte van Landes. Dit gebied wordt onderverdeeld in drie gedeelten met zeer verschillende eigenshappen die weer overeenkomen met de drie cru van deze lait des vieillard (melk voor oudjes): Bas-Armagnac of "Zwarte Armagnac", is de fijnste en geurigste eau-de-vie die tot 15 jaar oud kan zijn. De tweede is Ténarèze, waar het gedistilleerd gekarakteriseerd wordt door de "hardheid" en het aroma van viooltjes. De laatste is Haut-Armagnac, waar de minst gerenommeerde Armagnacs vandaan komen. De voornaamste druif die wordt gebruikt voor de Armagnac is de saint-emilion, met daarbij ook folle blanche en colombard. Het koperen distilleervat waarin de drank continue wordt gedistilleerd, heet de Armagnacais. *Hoe oud de Armagnac is, kan men vaststellen aan de hand van de aanduidingen:* Trois Etoiles, *een jaar oud;* V.O. (Very Old), V.S.O.P. (Very Superior Old Pale), Réserve, *meer dan 4 jaar oud;* Extra, Hors d'Age, Napoleon, X.O. (Extra Old), Vieille Réserve, *meer dan 5 jaar oud.*

midi-pyrénées

armagnac-cocktail armagnac cocktail

3/4 armagnac, 1/4 grand marnier,
1 dessert spoon lemon juice, 1 dash orange bitters

Put all the ingredients and plenty of ice in a shaker. Shake and serve in a chilled glass. Garnish with a twist of orange or lemon rind and decorate the edge of the glass with a coating of sugar.

3/4 armagnac, 1/4 grand marnier, 1 lepel citroensap, 1 scheutje sinaasappelbitter

Doe alle ingrediënten met flink wat ijs in een shaker. Goed schudden en serveren in een gekoelde cocktailcoupe. Versier met een stukje sinaasappel- of citroenschil en decoreer de rand van de coupe met een suikerkorstje.

© Michel CAROSSIO

roquefort aop
roquefort aop

This is the blue sheep's milk cheese par excellence, made with milk from the Lacaune and Manech breeds that are taken to pasture daily, weather permitting. The blue veins in *Roquefort AOP* are created by *Penicillium Roqueforti*, which is added to the rennet or at the coagulation stage, or when the curds are placed in the moulds. Another little-known characteristic of Roquefort is that it must age – for at least 3 months to enable the *Penicillium Roqueforti* mould to develop – exclusively in cellars in Roquefort sur Soulzon, by Mount Combalou. The cheeses are round in shape and weigh around 3 kg; creamy and compact with blue veining, Roquefort has a slight aroma of mould and a strong flavour. This is basically one for the cheeseboard, which goes well with fortified wines like Sauternes, though it is also used on canapés or in salads.

Deze schimmelkaas van schapenmelk wordt gemaakt met melk van de schapenrassen Lacaune en Manech, die mits het weer dat toestaat dagelijks uit grazen gaan. De Penicillium Roqueforti *die de typische blauwe kleur aan de* Roquefort AOP *geeft, wordt toegevoegd aan de wrongel wanneer die aan het stollen is, of later, wanneer de wrongel wordt overgebracht naar de kaasvormen. Een ander minder bekend detail van de Roquefort is dat de rijpingsduur van minstens 3 maanden, de noodzakelijke periode voor de ontwikkeling van de* Penicillium Roqueforti*, alleen maar mag plaatsvinden in de kelders van Roquefort-sur-Soulzon, Mont Combalou. De kaas heeft een cilindervorm en een gewicht van circa 3 kg, de kaasmassa is smeuig, compact, met blauwe vlekken en een lichte geur van schimmel. De smaak is heerlijk en zeer geschikt voor na de maaltijd, gecombineerd met likeurwijnen als Sauternes. Hij wordt ook wel eens gepresenteerd op toastjes of in salades.*

tarbais beans igp
tarbais bonen igp

Fresh, dried or frozen? You'll be spoilt for choice when it comes to sampling the *Haricot Tarbais IGP* produced in the Hautes Pyrénées, Gers, Haute Garonne and Pyrénées-Atlantiques departments of the Midi-Pyrénées and Aquitaine. Even non-experts will be able to tell a bean plant from other plants, because this is one of the few species that needs a support. Fresh, the Haricot Tarbais comes in a green pod, and is whitish-yellow with purple spots when ripe; while the dried beans, dried in the pod, are white and opaque. Both are suitable for making tasty recipes like soups, purées and side dishes. The only recommendation is that the dried beans must be soaked for at least 12 hours before cooking.

Vers, gedroogd, of uit de diepvries? Er is zeker ge-noeg keus voor wie zin heeft in Haricot Tarbais IGP *uit de departementen Hautes-Pyrénées, Gers, Haute-Garonne en Pyrénées-Atlantiques, in de re-gio's Midi-Pyrénées en Aquitanië. Ook iemand die geen expert is in landbouwproducten, zal geen moeite hebben de bonenteelt te onderscheiden van andere gewassen, aangezien de plant van deze peulvrucht een van de weinige gewassen is die on-dersteuning nodig heeft. De Haricot Tarbais in verse vorm heeft een groene peul die geelwit met paarse vlekken wordt als de boon rijp is. De gedroogde boon, verkregen door het drogen van de peulen, is wit en mat. Beide versies zijn zeer geschikt om te gebruiken in heerlijke gerechten als groentensoep, veloutés, bijgerechten... Een opmerking: voordat de gedroogde boon klaar is om te gebruiken, moet hij eerst minstens 12 uren weken.*

midi-pyrénées
toulouse stew stoofpot uit toulouse

750 g white beans, 500 g mutton, 125 g pork rind (or 125 g bacon), 500 g garlic-flavoured sausage, 500 g smoked prosciutto crudo, 2 or 3 pieces preserved goose, 1 onion, 3 cloves garlic, 100 g suet (or goose fat), 1 bouquet garni

Soak the beans for 12 hours. Place the drained beans in a terracotta pot and add the onion, garlic, pork rind, ham and bouquet garni. Cover with cold water and cook for about 2 hours. Place the suet in a pan and brown the mutton, sausage and goose. Cut the meat into similar sized pieces. Now, in the terracotta pot, layer the meat and the cooked beans with their cooking liquid. Cook in a preheated oven at 160 °C for about 40 minutes or until a crust forms on the surface. The stew can be sprinkled with breadcrumbs before putting it in the oven.

750 gr witte bonen, 500 gr ramsvlees, 125 gr varkenszwoerd (of 125 gr buikspek), 500 gr knoflookworst, 500 gr gerookte rauwe ham, 2 of 3 stukjes gans uit blik, 1 ui, 3 teentjes knoflook, 100 gr reuzel (of ganzenvet), 1 bouquet garni

Laat de bonen 12 uren weken. Doe de uitgelekte bonen, de ui, de knoflook, de varkenszwoerd, de ham en het bouquet garni in een aardewerken kookpot. Dek af met koud water en laat ongeveer 2 uren koken. Braad het ramsvlees in de reuzel in een koekenpan, samen met de worst en het ganzenvlees. Snijd het vlees in even grote stukken. Leg ze in een terracotta kookpot in afwisselende lagen met de gekookte bonen en hun kookvocht. Bak in een voorverwarmde oven ongeveer 40 minuten op 160 °C, of net zolang tot er een knapperig korstje ontstaat. U kunt de cassoulet eventueel met paneermeel bestrooien voordat u hem in de oven zet.

bleu des causses aop
bleu des causses aop

The distinctive feature of this blue cheese, made with cow's milk in the Midi-Pyrénées and Languedoc-Roussillon regions, is that it must age exclusively on oak shelves in natural caves along the north side of the Causses, nature's cold, damp 'cellars'. This specific area and climate are what give the *Bleu des Causses AOP* its sweet, fruity flavour. Unlike many blue cheeses, where the *Penicillium Roqueforti* is added with the rennet or at subsequent stages in production, for this cheese it is introduced before production even starts, when the live cultures are added to the milk. Bleu des Causses AOP is flat and round (20 cm in diameter, 10 cm high and weighing 2–3 kg), with a bloomy rind and white paste dotted with regular blue spots. An excellent aperitif, snack or on the cheese board, served with a glass of fortified wine.

De bijzonderheid van deze schimmelkaas van koemelk uit de regio's Midi-Pyrénées en Languedoc-Roussillon is het feit dat het rijpen alleen maar plaatsvindt op eikenhouten balken in natuurlijke holen aan de noordkant van de Causses. Deze natuurlijk koude en vochtige "kelders" geven karakter aan Bleu des Causses AOP *met zijn zoete en fruitige smaak. Anders dan bij vele andere schimmelkazen waar de* Penicillium Roqueforti *aan de wrongel wordt toegevoegd of in latere fases van het kaasmaken, is de schimmel bij deze kaas vanaf het begin aanwezig, aangezien men de melk met melkzuurbacteriën verrijkt. Bleu des Causses AOP heeft de vorm van een platte cilinder (doorsnee 20 cm, hoogte 10 cm en gewicht 2-3 kg), een donzige korst en een kaasmassa met regelmatige blauwe vlekken. Heerlijk bij het aperitief, als tussendoortje of na de maaltijd met een glas likeurwijn.*

quercy lamb igp
lam uit quercy igp

If you ever come across a lamb with round black markings around its eyes, do not fear; you are looking at a member of the Causses breed, used to produce *Agneau du Quercy IGP*. This was the first of its kind to achieve national quality certification some decades ago. The most suitable animals are selected for butchering at the age of around five months; they are fed on their mothers' milk for around 70 days, and then on grass from the fields in the Quercy province. The meat is light pink in colour and should be cooked briefly to keep it tender. It is sold whole or jointed, ready for cooking: on kebabs, for roast or in stew, with side dishes that enhance its delicate flavour, such as potatoes or sweet and sour baby onions.

Mocht u toevallig een lam tegenkomen met zwarte cirkels rond de ogen, dan hoeft u niet te schrikken; het is het schapenras Causses dat gebruikt wordt voor het fokken van vleeslammeren. Agneau du Quercy IGP was het eerste product dat enkele decennia geleden een kwaliteitserkenning op nationaal niveau kreeg. De meest geschikte exemplaren voor het slachten worden geselecteerd wanneer ze rond de 5 maanden oud zijn. Daarvoor hebben ze 70 dagen moedermelk gegeten en daarna gras afkomstig van de weidelanden in de provincie Quercy. Het vlees heeft een helderrode kleur dat niet lang gekookt hoeft te worden om mals te blijven. In de winkel is het lam in een stuk verkrijgbaar of al gesneden. Te gebruiken naar smaak, op spiesjes, uit de oven, ingemaakt met bijgerechten die de delicate smaak goed uit laten komen, zoals aardappels of zoetzure uitjes.

farçous uit aveyron farçous from aveyron

1 bunch chard, 200 g crumbled sausage, 1/4 stale baguette, 1 onion, 2 cloves garlic, 2 eggs, 100 ml milk, parsley, salt, pepper

Trim, wash and thoroughly rinse the chard under running water. Discard the stalks. Chop the leaves coarsely and cook in a pan for about 15 minutes. Leave to cool, then squeeze all the water out. Place the bread in a bowl and pour the lukewarm milk over it. Put the peeled onion and garlic, some parsley and the crumbled sausage in a blender. Blend, then add the eggs, the bread and milk mix and a pinch of salt and pepper. Blend again. Heat a non-stick pan and spoon in some of the mixture to make small fritters. Cook in batches and serve warm.

1 bos bieten, 200 gr smeerworst, 1/4 oud-bakken stokbrood, 1 ui, 2 teentjes knoflook, 2 eieren, 100 ml melk, peterselie, zout, peper

Maak de snijbieten schoon onder stromend water, verwijder de stelen en snijd het loof in grove stukken. Kook 15 minuutjes op een laag vuur, laat af-koelen en knijp het resterende vocht eruit. Doe het brood in een schotel en schenk de lauwe melk erover. Doe in de kom van een keukenmachine de ui en de geschilde knoflook, een beetje peterselie, en de smeerworst. Hak fijn en voeg vervolgens de eieren, het brood met de melk en een snuifje zout en peper toe. Nogmaals hakken. Verwarm een anti-aanbakpan en bak per keer beetjes van het mengsel als kleine omeletjes. Warm serveren.

toulouse violets
viooltjes uit toulouse

Crystallised violets made from dried flowers, caramelised sugar and egg white (optional); violet liqueur; violet perfume; bunches of violets; and so on: as this list reveals, the violet is very much the symbol of Toulouse. Perhaps brought to the city by French soldiers in the 19th century at the end of the Napoleonic wars, it immediately proved a gold mine for florists, perfumers, confectioners and others. In that period there were around 600 producers, occupying an area of around 20 hectares, but unfortunately things changed both due to natural factors, with the arrival of funghi and viruses that attacked the flowers, and factors more linked to the reproduction cycle of the violet. It was only in 1985 that attention was once more devoted to violets, with the creation of a 'test-tube' variety that could easily be grown in the greenhouse. Set up in 1993, the 'Terre de Violettes' association gathers all interested parties – business people, producers and enthusiasts – and is engaged in relaunching the image of the Toulouse Violet and staging the annual Violet Festival.

Gekristalliseerde viooltjes gemaakt van gedroogde bloemen, gecaramelliseerde suiker en eiwit (facultatief ingrediënt); viooltjeslikeur, viooltjesparfum, bosjes viooltjes, … Duidelijk aan dit lijstje is dat het viooltje hèt symbool van de stad Toulouse is. De bloem werd in de loop van de negentiende eeuw geïntroduceerd in de stad, misschien door Franse soldaten na het einde van de Napoleonische oorlogen. Het werd vrijwel met-een een goudmijn voor bloemisten, parfumiers, ban-ketbakkers… Aanvankelijk hielden zich circa 600 producenten bezig met de teelt die verdeeld was over een gebied van 20 hectare. Helaas veranderen de din-gen, ten gevolge van natuurlijke factoren, zoals schim-mels en virussen die de bloemen treffen, en door factoren die direct verbonden zijn met de reproductie van het viooltje. Pas in 1985 werd er besloten een nieuwe impuls te geven aan de teelt van deze bloem, waarop men een "reageerbuisviooltje" creëerde dat makkelijk te telen was in kassen. Sinds 1993 komt een vereniging van ondernemers, producenten en gepas-sioneerden die op de een of andere manier met het vi-ooltje zijn verbonden, samen om zo het merk van het Viooltje van Toulouse te promoten en een jaarlijks feest ter ere van het viooltje te houden.

languedoc roussillon

Sea and mountains, sunny beaches and magical woodlands: the Languedoc-Roussillon region combines both settings to the delight of visitors in search of seaside resorts or unspoilt nature. For foodies, the Aude department offers hearty dishes like *cassoulet*, while the western Pyrénées is famous for its peaches. Nîmes, an important historic city, produces a prized extra virgin olive oil with 'controlled designation of origin' status. The Lozère department is known for *aligot* (a filling concoction of potatoes, cheese, garlic, butter and milk) and tomme di

Lozère cheese, while the Cevenne national park is famous for its delicious lamb. A trip to this region cannot leave out its key cities: from the picturesque capital Montpellier, to the Catalan city of Perpignan, a mere 50 km from Spain, to Narbonne, city of art and fine craftsmanship, and Bezier, crossed by the Canal du Midi and home to some outstanding wines.

Zee en bergen, zonnige stranden en sprookjesachtige bossen: de regio Languedoc-Roussillon brengt al deze landschappen samen voor liefhebbers van zowel zomers strandplezier als ongerepte natuur. Voor de smulpapen biedt het departement Aude robuuste gerechten als de cassoulet, terwijl het departement Pyrénées-Orientales prachtige uitgestrekte perzikvelden heeft. In de historisch belangrijke stad Nîmes wordt een voortreffelijke extravergine olijfolie met beschermde oorsprongsaanduiding geproduceerd. Het departement Lozère staat bekend om de aligot (een eenpansmaaltijd met aardappels, kaas, knoflook, boter en melk) en de tomme de Lozère, terwijl het Nationaal Park Cevennen beroemd is voor het fokken van een lamssoort met overheerlijk vlees. Tijdens een reis door deze regio mogen echter de belangrijkste steden niet vergeten worden; de mooie hoofdstad van de regio Montpellier, de Catalaanse stad Perpignan op slechts 50 km van de Spaanse grens, de stad van kunst en nijverheid Narbonne, en het door het Canal du Midi doorkruiste Béziers, waar uitstekende kwaliteitswijnen vandaan komen.

pélardon aop
pélardon aop

Pélardon, Péraldou, pèbre (pepper): this time-honoured cheese with its piquant flavour appears to have borrowed its name from a spice like pepper. Made with goat's milk in 500 towns in the Aude, Gard, Hérault, Lozère and Tarn departments, this gastronomic treat is highly appreciated not only for keeping faith with the traditional production methods through the centuries: the curds are prepared and placed in the moulds, then drained, dry-salted, dried and matured for at least 11 days. It also has the merit of boosting the economy of the mountainous area where it is made, thanks to the enterprising spirit of a number of cheese makers in the 1970s, who ramped up production. The cheeses are round in shape (6–7 cm in diameter, 2–2.7 cm high and weighing 60 g), with a smooth, ivory white paste and the flavour of fresh goat's milk with a nutty aftertaste.

Pélardon, Péraldou, pèbre (peper) is een kaas met een oude oorsprong die naar het schijnt de naam van de specerij heeft geleend vanwege zijn pikante smaak. Pélardon AOP wordt gemaakt van geitenmelk in 500 gemeenten van Aude, Gard, Herault, Lozère en Tarn. Het is een klein gastronomisch juweeltje dat gewaardeerd wordt vanwege het feit dat het door de eeuwen heen dezelfde manier van maken heeft weten te bewaren: het prepareren van de wrongel, het overbrengen van de wrongel naar de vorm, het afgieten, het zouten met droog zout, het drogen en het verouderen (minstens 11 dagen). Maar de kaas kent ook haar bewonderaars vanwege het feit dat het het bergachtige terrein tot een voordeel heeft weten te maken dankzij de inspanningen van enkele producenten die in de jaren '70 van de twintigste eeuw de productie hebben uitgebreid. De kaas heeft de herkenbare vorm van een platte schijf (doorsnee 6-7 cm, hoogte 2-2,7 cm en gewicht 60 gr), een ivoorwitte kaasmassa die zacht en homogeen is en de smaak van verse geitenmelk met een nootachtige nasmaak.

languedoc-roussillon

picolat meatballs picolat gehaktballetjes

For the meat: 700 g minced beef, 500 g crumbled sausage, 7 cloves garlic, parsley, dried mushrooms, breadcrumbs, 1 egg, flour, 120 ml cognac, 20 g spices, olive oil, salt, pepper. For the beans: 800 g already soaked white beans, 6 cloves garlic, 1 bouquet garni, salt, pepper. For the sauce: 100 g mirepoix, 50 g pork, 30 g flour, 65 g tomato concentrate, 500 g tomatoes, 500 ml meat stock, 1 clove garlic, 1 bouguet garni, oil

For the beans: cook the beans with the bouquet garni, the garlic, salt and pepper for an hour and a half in a pan covered with water. For the sauce: gently fry the mirepoix and the chopped pork in a drop of oil. Sprinkle flour all over and add the tomato concentrate. Cook for 5 minutes, then add the chopped tomatoes. Pour in the meat stock, add the garlic and the bouquet garni. Cook for an hour and a half and then add the beans. For the meat: combine the crumbled sausage, the minced meat and the mixed spices, in a bowl. Add the egg, bread-crumbs, garlic, chopped parsley, salt and pepper. Pour in the cognac. Crush the dried mushrooms and add them to the meat. Using your hands, form little balls, roll them in flour, cook them in oil and serve them with the beans.

Voor het vlees: 700 gr gehakt, 500 gr verkrui-melde worst, 7 teentjes knoflook, peterselie, ge-droogde champignons, paneermeel, 1 ei, bloem, 120 ml cognac, 20 gr kruiden, olijfolie, zout, peper. Voor de bonen: 800 gr geweekte witte bonen, 6 teentjes knoflook, 1 bouquet garni, zout, peper. Voor de saus: 100 gr mirepoix, 50 gr varkensvlees, 30 gr bloem, 65 gr tomatencon-centraat, 500 gr tomaten, 500 ml vleesbouillon, 1 teentje knoflook, 1 bouquet garni, olie

Voor de bonen: laat de bonen anderhalf uur koken in water met het bouquet garni, de knoflook, zout en peper. Voor de saus: fruit in een beetje olie de mirepoix en het gesneden varkensvlees. Besprenkel met bloem en voeg het tomatenconcentraat toe. Laat 5 minuten koken en voeg dan de gesneden tomaten toe. Schenk de vleesfond erbij, voeg de knoflook en het bouquet garni toe. Laat anderhalf uur koken en voeg dan de bonen toe. Voor het vlees: doe de worst, het gehakt en de kruiden in een schotel. Voeg ei, paneermeel, knof-look, gehakte peterselie, zout en peper toe. Schenk de cognac erbij. Vermaal de champignons en doe ze bij het vlees. Maak met de hand vleesballetjes, haal ze door de bloem, bak ze in olie en serveer ze met de bonen.

anchovies from collioure igp
ansjovis uit collioure igp

Anchovies from the Gulf of Lion, the Bay of Biscay and the waters off Brittany have been processed and conserved in the town of Collioure since the Middle Ages. All stages in the process are carried out by hand: the fresh anchovies are first salted and then placed in barrels of brine, then selected and gutted. After that they are placed in other containers to mature for around 3–4 months, depending on their provenance, with sea salt. Once ready, the salt is removed. The fish destined for filleting have the skin removed with warm and cold water, before being drained and filleted, strictly by hand. The last stage is packaging, in glass or plastic containers, with the addition of salt or brine, or oil. Anchovies whet the appetite and favour the digestion, and have been popular since Roman times.

Al sinds de middeleeuwen conserveert en prepareert men ansjovis uit de Golf van Lion, de Golf van Biskaje en de wateren uit de kust van Bretagne op traditionele wijze in de plaats Collioure. Het werk wordt geheel met de hand gedaan: de verse ansjovis wordt eerst gezouten en vervolgens in vaatjes gepekeld. Daarna worden ze geselecteerd en schoongemaakt. Vervolgens wordt de ansjovis weer in andere vaatjes gelegd met zeezout, waarin ze 3-4 maanden rijpen, afhankelijk van de herkomst van de vis. Eenmaal klaar wordt de ansjovis weer ontzout. De visjes die bestemd zijn voor filets, worden ontdaan van hun huid met lauw en koud water, gedroogd en vervolgens gefileerd; dit alles nog steeds uitsluitend met de hand. De laatste stap is het verpakken in pekel of olie in glazen of kunststof potjes, met toevoeging van zout. Ansjovis wekt de eetlust op en stimuleert de vertering, wat het visje al populair maakte in de tijd van de Romeinen.

languedoc-roussillon

aligot d'aubrac aligot d'aubrac

1 kg potatoes, 500 g tomme d'Aubrac cheese,
1 or 2 cloves garlic, 150 ml fresh cream,
100 g butter, salt, pepper

Peel, wash and boil the potatoes, then mash them. Mix and add the butter, the cream, a pinch of salt and pepper and the peeled, chopped garlic. Cut the cheese into thin slices. Heat the mashed potatoes over a low heat and add the slices of cheese. Stir in the same direction and every so often from the bottom to the top. When the mixture is stringy the aligot is ready.

1 kg aardappels, 500 gr tommekaas uit de Aubrac, 1 of 2 teentjes knoflook, 150 ml crème fraîche, 100 gr boter, zout, peper

Schil, was en kook de aardappels en pureer ze. Roer de boter en de crème fraîche erdoor, voeg een snuifje zout en peper toe en tot slot de geschilde en fijngehakte knoflook. Snijd de tommekaas in dunne plakjes. Verwarm de puree op een laag vuur en voeg de plakjes kaas toe. Blijf in dezelfde richting roeren en af en toe van beneden naar boven. Wanneer het mengsel draderig wordt, is de aligot klaar.

provence-alpes côte d'azur

Famous throughout the world for its Côte d'Azur, with hotspots like Cannes and Saint-Tropez, the natural beauty of the Camargue and the mountains in the north, the Provence-Alpes-Côte d'Azur region boasts numerous renowned specialities and traditional dishes, from the *bouillabaisse* of Marseilles, to Provence lavender, from Cavaillon melons to the vineyards of famous wines like Châteauneuf du Pape, Sollies Pont figs and *niçoise*. Its historical cities are rich in appeal: Marseilles, France's oldest city; Nice, with its splendid *Promenade*

des Anglais; the papal city of Avignon; and the resort town of Aix-en-Provence. Not to mention Arles with its historic architecture, and Grasse, the perfume capital: the heady fragrance of the renowned herbs of Provence is a wonderful invitation to discover one of the most beautiful parts of the south of France.

Deze regio, wereldberoemd om haar Côte d'Azur met badplaatsen als Cannes en Saint-Tropez, en natuurschoon als de Camargue en de bergen in het noorden, is de oorsprong van talrijke karakteristieke producten en klassieke recepten. Van de bouillabaisse uit Marseille tot de Provençaalse lavendel, van de meloen uit Cavaillon tot de wijngaarden van zulke beroemde wijnen als Châteauneuf du Pape, van de vijgen van Sollies Pont tot de niçoise, allemaal goede redenen om een van de mooiste gebieden van Zuid-Frankrijk te gaan ontdekken. Daarnaast zijn er de vele fascinerende en historisch interessante steden: Marseille, de oudste stad van Frankrijk, of Nice met haar prachtige Promenade des Anglais, de oude pauselijke stad Avignon, of Aix-en-Provence, de plek bij uitstek voor vakantieparken...; en dan zijn er nog Arles, met haar architectonische schoonheid, en Grasse, de hoofdstad van het parfum. Plaatsen als deze oefenen een geweldige aantrekkingskracht uit, en vragen erom ontdekt te worden om de geur van de befaamde Provençaalse kruiden op te snuiven.

provençal aromatic herbs
provençaalse kruiden

Those who love herby flavours will undoubtedly appreciate the aromatic herbs of Provence, a heady mix of thyme, rosemary, sage, marjoram, basil, fennel and mint. This mixture of herbs is ideal for flavouring meat and vegetable dishes, enhancing breads, sprinkled on bruschetta with goat's cheese and livening up pasta dishes and soups. Undoubtedly more than just a simple seasoning, they can transform the flavour of dishes, and in some cases even be used to replace salt (something important for those with health problems). But how is the mix created? The herbs are gathered fresh and then dried, before being chopped up and mixed together. To preserve their flavour it is important to keep them in hermetically sealed containers, in the dark if possible, and in a dry place away from sources of heat.

Wie van "kruidige" smaken houdt zal zeker een lief-hebber zijn van de aromatische kruiden uit de Pro-vence, dat geurige mengsel dat bestaat uit tijm, rozemarijn, salie, marjolein, basilicum, venkel en munt. Een mengsel van aroma's dat perfect is voor het op smaak brengen van vlees en groenten, voor het verlevendigen van brood en bruschette met geiten-kaas, of om pastaschotels of soepen om te toveren. Kortom, de aromatische Provençaalse kruiden zijn zeker meer dan eenvoudige specerijen. Ze maken het mogelijk om gerechten aanzienlijk te verrijken in ter-men van smaak; in sommige gevallen zijn ze zelfs een alternatief voor zout (een goed alternatief voor wie met gezondheidsproblemen kampt). Voor het samenstel-len van het mengsel worden de kruiden vers geoogst en vervolgens gedroogd, gehakt en gemengd. Bewaar de kruiden in een hermetisch afgesloten container, zo mogelijk in een droge, koele en donkere plaats, dan blijven de aroma's het best bewaard.

provence-alpes-côte d'azur
provençal-style tomatoes provençaalse tomaten

6 tomatoes, 20 g breadcrumbs, 3 shallots,
1 clove garlic, 40 g basil, 40 g parsley,
dried thyme, olive oil, salt, pepper

Wash the tomatoes and cut them in half. Discard the seeds. Trim the basil and the parsley, then wash, dry and chop them. Peel the garlic and the shallots and chop them. Mix the basil, parsley, breadcrumbs, garlic, shallots, a pinch of thyme, salt, pepper and some oil in a bowl. Fill the tomatoes with this mixture and arrange on a tray, leaving plenty of space. Drizzle some oil over each tomato. Cook in a preheated oven at 200 °C for 15 minutes.

6 tomaten, 20 gr paneermeel, 3 sjalotjes, 1 teentje knoflook, 40 gr basilicum, 40 gr peterselie, gedroogde tijm, olijfolie, zout, peper

Was de tomaten en snijd ze door de helft. Verwijder de zaadjes. Maak de basilicum en peterselie schoon, droog en hak fijn. Schil en versnipper de knoflook en de sjalotjes. Meng in een kommetje de basilicum, de peterselie, het paneermeel, de knoflook, de sjalotjes, een beetje tijm, zout, peper en de olie. Vul de tomaten met dit mengsel en verdeel ze met flink wat onderlinge tussenruimte over een bakblik. Schenk een beetje olijfolie over elke tomaat. Bak 15 minuten in een voorverwarmde oven op 200 °C.

châteauneuf-du-pape aoc
châteauneuf-du-pape aoc

Located near Avignon in the famed Rhône Valley, one of the finest wine-making areas in the world, the *Châteauneuf-du-Pape AOC* designation is internationally renowned for its great reds, which can include up to 13 different grape varieties. These include Grenache Noir (at around 70%), Syrah and Mourvèdre. The production takes in the town of the same name and those of Orange, Courthézon, Bédarrides and Sourges, all within 15 kilometres of Avignon. In 1316 the Bishop of Avignon Jacques d'Euse (the future Pope John XXII) built a fortress there, with surrounding vineyards. The wines that bear this prestigious AOC are characterised by the area's terrain and hot, sunny climate: these are important, full-bodied wines, warm and robust, and suited to lengthy cellaring. They are ideal served with elaborate dishes like game and red meat, or particularly strong cheeses. It should be noted that this AOC also includes white wines, albeit to a lesser extent.

In de omgeving van Avignon in de beroemde Rhône-vallei ligt één van de beste wijngebieden, Château-neuf-du-Pape. Deze wereldwijd bekende en grootse wijnen, vooral de rode, kunnen tot wel 13 verschillende druivensoorten bevatten, waaronder grenache noir (naar verhouding ongeveer 70%), syrah en mourvèdre. Het productiegebied omvat naast de gelijknamige gemeente ook die van Orange, Courthézon, Bédarrides en Sourges, allemaal binnen een straal van 15 kilometer rond Avignon, dat in het verre 1316 werd gesticht als fort met bijbehorende wijngaarden door de biscchop Jacques d'Euse (de toekomstige paus Johannes XXII). De wijnen van deze prestigieuze AOC hebben het karakter van de aarde en het warme en zonnige klimaat van de streek waar ze vandaan komen: belangrijke, gestructureerde wijnen, vol van warmte en kracht, geschikt om lang opgelegd te worden in kelders en perfect bij uitgebreide gerechten als wild en rood vlees of zeer smaakvolle kazen. Tot slot moet nog toegevoegd worden dat deze AOC ook witte wijnen omvat, alhoewel in geringere mate.

banon aop
banon aop

Banon is a traditional goat's milk cheese immediately recognisable thanks to the chestnut leaves the forms are wrapped in to mature. The cheese is named after its town of provenance, a picturesque medieval village in the Alpes-de-Haute-Provence department, on the Albion plateau. The rind is creamy coloured, while the soft, smooth paste is sweet in flavour with a tannin aftertaste due to the chestnut leaves. One of the distinctive things about this cheese, which dates back to the Middle Ages when the peasants used to keep leftover cheese in chestnut leaves, is that it is made of raw milk, rapidly coagulated with the addition of rennet. As soon as the curd is ready there is an initial ageing period of 5–10 days (without leaves), followed by a second ageing of around 10 days. In cooking it is excellent with a slice of warm homemade bread, washed down with a not overly structured red.

Banon, gemaakt van geitenmelk, is een typische kaas die meteen herkenbaar is dankzij de kastanjebladeren waarin hij wordt verpakt en waarin de kaas wordt verpakt om te rijpen. De naam komt van de gelijknamige gemeente, een aardig middeleeuws plaatsje gelegen in het departement Alpes-de-Haute-Provence, op de hoogvlakte van Albion. De kaas heeft een crèmekleurige korst terwijl de zijdezachte kaasmassa een zoete smaak heeft met een nasmaak van tannine van de kastanjebladeren. Bijzonder aan deze kaas die dateert uit de middeleeuwen, toen boeren de overgebleven restjes kaas bewaarden in kastanjebladeren, is dat hij wordt gemaakt met rauwe melk die snel stolt dankzij het toegevoegde stremsel. Wanneer de wrongel klaar is, vindt een eerste verouderingsperiode van 5-10 dagen plaats (zonder bladeren). Daarop volgt een twee periode van ongeveer 10 dagen. De kaas is heerlijk om te eten met een snee boerenbrood, eventueel verwarmd, samen met een niet al te gestructureerde rode wijn.

provence-alpes-côte d'azur

bouillabaisse bouillabaisse

1 kg mullet, 1 conger (4 fillets), 5 small crabs, 700 g rockfish, 700 g anglerfish, 700 g tub gurnard, 700 g John Dory, 450 g tomatoes, 2 onions, 2 cloves garlic, 40 g tomato concentrate, 1 bundle herbs (dill, bay leaf, parsley), orange peel, 10 g saffron, stale bread, olive oil, salt, pepper

Peel and chop the onions and the garlic. Gently fry in a drop of oil. Add the tomatoes, washed and chopped, together with the tomato concentrate. Pour in 3 l of water, add the bundle of herbs, the orange peel and the gutted fish (mullet, conger, crabs). Season with salt and pepper. Cook uncovered over a medium heat for 20–25 minutes. Remove the bundle of herbs and the peel. If needed, add salt and pepper. Add the John Dory, anglerfish and saffron. Pour in more water. Boil for 10 minutes then add the tub gurnard and the rockfish. Cook for a further 6 minutes. Drain the fish (John Dory, anglerfish, tub gurnard and rockfish) and arrange on a serving dish. Slice the bread and place it on the dish, then pour the bouillabaisse over the bread. Serve with rouille (a sauce made with garlic, oil, chilli pepper or saffron) and the fish fillets.

1 kg poon, 1 zeepaling (in 4 stukken), 5 kleine krabben, 700 g schorpioenvis, 700 g zeeduivel, 700 g rode poon, 700 g zonnevis, 450 gr tomaten, 2 uien, 2 teentjes knoflook, 2 lepels tomatenconcentraat, 1 kruidenbouquet (dille, laurier, peterselie), sinaasappelschil, 2 lepels saffraan, oudbakken brood, olijfolie, zout, peper

Schil en snipper de ui en de knoflook en fruit in een beetje olie. Voeg de gewassen en in stukjes gesneden tomaat en het tomatenconcentraat toe. Giet er 3 l water bij, voeg het kruidenboeket, de sinaasappelschil en de schoongemaakte vis (poon, paling en krab) toe. Breng op smaak met zout en peper. Laat 20-25 minuten koken op een medium vuur zonder deksel. Verwijder het kruidenboeket en de sinaasappelschil. Voeg indien nodig nog wat zout en peper toe. Voeg de zonnevis, de zeeduivel en de saffraan toe. Giet er nog water bij. Laat 10 minuten koken en voeg dan de rode poon en de schorpioenvis toe. Laat nog eens 6 minuten koken. Schep de vis eruit en leg die op een schotel. Snijd het brood in sneden en leg die op de borden. Schep de bouillabaisse over het brood. Serveer met rouille en de stukken vis.

Tapenade
Marseillaise

Fenouil, Câpres, Huile
d' Olive, Olives Vertes

3,40 €/100g

provence-alpes-côte d'azur
tapenade tapenade

250 g pitted black olives, 40 g capers,
50 g anchovy fillets in oil, 1 clove garlic,
100 ml olive oil

Drain the anchovy fillets. Peel the garlic and place in a blender with the olives, capers and anchovy fillets. Blend until the ingredients are puréed. Gradually add the oil, blending continuously, until all the ingredients are incorporated and the tapenade is smooth and soft. If you wish you can also add the oil at the same time as the other ingredients. Tapenade is delicious spread on good homemade bread.

250 gr zwarte olijven zonder pit, 40 gr kappertjes, 50 gr ansjovisfilets in blik, 1 teentje knoflook, 100 ml olijfolie

Laat de ansjovis uitlekken. Schil de knoflook en doe hem samen met de olijven, de kappertjes en de ansjovis in een keukenmachine. Hak fijn tot er een mengsel ontstaat dat op puree lijkt. Voeg al roerend de olie toe tot de tapenade glad en gebonden is. Eventueel kunt u de olie ook tegelijk met de andere ingrediënten toevoegen. De tapenade is heerlijk met een snee zelfgebakken brood.

olive oil from the provence
olijfolie uit de provence

Obtained above all from Aglandau olives, which must make up at least 80% of any olive grove, *Huile d'olive de Haute-Provence AOP* is greatly appreciated for its sensory characteristics: an intense aroma with notes of green apple and artichoke. It is produced in the Bouches-du-Rhône and Var departments in Provence-Alpes-Côte d'Azur. An oil with a time-honoured tradition, its production dates back to the 14th century, when this cultivation developed in Haute Provence. It reached a height in the 18th century, when, due to changes in the climate heralding periods of intense cold, the hardiest varieties had to be selected. These included the Aglandau variety. The production regulations dictate that once harvested the olives must be kept in the mills for at least six days.

Deze olie, Huile d'olive de Haute-Provence AOP, *voor minstens 80% afkomstig van de olijvensoort Aglandau, is zeer gewaardeerd vanwege zijn geur- en smaakeigenschappen. Hij heeft een intens aroma met toetsen van groene appel en artisjok. De olie wordt gemaakt in een gebied dat de departementen Bouches-du-Rhône en Var omvat in de regio Provence-Alpen-Côte d'Azur. De olie kent een lange traditie die teruggaat tot de veertiende eeuw, de periode waarin de olijventeelt ontstond in de Haute-Provence, met een hoogtepunt in de achttiende eeuw. Tussen 1796 en 1799 braken er door klimaatveranderingen periodes van grote koude aan, met bijgevolg een vermindering en selectie van de meest resistente varianten, waaronder de Aglandau. Volgens de regelgeving voor de productie van deze olie mogen eenmaal geoogste olijven niet langer dan 6 dagen bewaard worden in de molens.*

ratatouille ratatouille

2 aubergines, 3 tomatoes, 1 pepper, 2 courgettes,
1 onion, 1 clove garlic, Provence herbs, 60 ml olive oil,
salt, pepper

Wash the aubergines, tomatoes and courgettes and chop them up, without peeling. Wash the pepper and cut into thin strips. Peel and chop the onion and the garlic. Place the onion and garlic in a pan and fry gently, then add the aubergines, courgettes, pepper and lastly the tomatoes. Season with salt and pepper. Cook covered for 30 minutes. Add the Provence herbs towards the end of the cooking time. Stir and enjoy the ratatouille as you please, hot or cold.

2 aubergines, 3 tomaten, 1 paprika, 2 courgettes, 1 ui, 1 teentje knoflook, Provençaalse kruiden, 3 eetlepels olijfolie, zout, peper

Was de aubergines, tomaten en courgettes en snijd ze zonder te schillen in stukken. Was en snijd de paprika in reepjes. Schil en snipper de ui en de knoflook. Fruit de ui met de knoflook in een koekenpan, en voeg dan de aubergines, de courgettes, de paprika en tot slot de tomaat toe. Breng op smaak met zout en peper. Kook 30 minuten met het deksel op de pan. Voeg tegen het eind van de kooktijd de Provençaalse kruiden toe en roer om. De ratatouille kan zowel warm als koud worden gegeten.

rice from the camargue igp
rijst uit de camargue igp

Produced in the area of the same name in the Bouches-du-Rhône area, *Riz de Camargue IGP* goes back to the 8th century. During the 19th century, thanks to embankments built along the Rhône, rice cultivation reached levels of excellence. The varieties permitted by the production regulations include whole-grain and brown (partly milled), white, parboiled rice, ready-cooked, and combinations of the above. The soil is prepared from October to April, then fertilised and sown in April and May. After harvesting, the rice is placed in silos with controlled temperature and humidity. Riz de Camargue has a slim, tapered grain, with characteristics depending on the type in question. Highly versatile in cooking, it can be eaten steamed or boiled, with vegetable broth, as an accompaniment to meat or fish or in puddings and desserts.

Deze rijst, afkomstig uit het gelijknamige gebied in Bouches-du-Rhône, heeft een geschiedenis de teruggaat tot de dertiende eeuw. In de loop van de negentiende eeuw heeft de rijstbouw dankzij het indammen van de Rhône zijn hoogtepunt bereikt. De soorten die beschreven en beschermd worden door de IGP-aanduiding zijn de volkoren en bruine rijst, witte rijst, parboiled rijst, voorgekookte rijst en de rijst die een mengsel is van deze producten. Het verbouwen van de rijst gebeurt in een eerste voorbereidende fase van oktober tot april, gevolgd door het bemesten en zaaien tussen april en mei. Na de oogst wordt de rijst in temperatuur- en vochtgecontroleerde silo's bewaard. De korrel van de Riz de Camargue is fijn en lang en de eigenschappen verschillen van soort tot soort. De rijst is heel veelzijdig; hij kan zowel gekookt als gestoomd worden, in bouillon, als bijgerecht bij vlees of vis, of als basis voor puddings en desserts.

provence-alpes-côte d'azur
niçoise salad niçoisesalade

4 vine tomatoes, 1 cucumber, 1 green pepper,
1 white onion, 1 clove garlic, 2 eggs, 60 g anchovy fillets in oil,
100 g black olives, basil, olive oil, salt, pepper

Wash and cut the tomatoes into quarters. Discard the seeds. Salt and leave to drain. Hard boil the eggs and peel them. Wash the pepper and chop it into thin strips. Peel the garlic and rub it around the inside of a salad bowl. Peel the onion and cucumber and chop into rounds. Drain the anchovies and wash and dry some basil leaves. Cut the eggs into wedges. Put the tomatoes, pepper, onion, cucumber and olives into the salad bowl. Season with salt and pepper and dress with a drizzle of olive oil. Mix gently and decorate with the eggs, anchovy fillets and basil leaves.

4 trostomaten, 1 komkommer, 1 groene paprika, 1 witte ui, 1 teentje knoflook, 2 eieren, 60 gr ansjovisfilets in blik, 100 gr zwarte olijven, basilicum, olijfolie, zout, peper

Was en snijd de tomaten in kwarten. Verwijder de zaadjes. Bestrooi met zout en laat uitlekken. Kook de eieren en pel ze. Was de paprika en snijd in reepjes. Schil het teentje knoflook en wrijf er een slakom mee in. Schil de ui en de komkommer en snijd ze in schijfjes. Laat de ansjovis uitlekken, was en droog enkele blaadjes basilicum. Snijd de hardgekookte eieren in kwarten. Doe de tomaat, de paprika, de ui, de komkommer en de olijven in de slakom. Breng op smaak met zout en peper en een scheutje olijfolie. Schep zorgvuldig om en decoreer met de eieren, de ansjovisfilets en de basilicumblaadjes.

camargue bulls aop
stieren uit de camargue aop

The Camargue is one of the most beautiful areas of southern France, characterised by unique flora and fauna, including the splendid pink flamingos. This area, and the Bouches-du-Rhône, Gard and Herault departments in particular, is home to the *Taureau de Camargue AOP*. The meat is taken only from the Raço di Biou and De Combat breeds, or crosses between the two, and the bulls are reared completely free range in order to preserve their 'wild' characteristics. From April to November their forage-based diet is suspended for around six months: during this 'break' the livestock are taken into the wetland area for a simple diet supplemented with cereals or hay. Taureau de Camargue beef is very lean and the various cuts lend themselves to some sumptuous dishes, including *Gardianne*, a delicious stew of beef marinated in red wine.

De Camargue is één van de meest fascinerende streken van Frankrijk, met onmiskenbare flora en fauna, waaronder de prachtige roze flamingo's. In dit gebied, om precies te zijn in de departementen Bouches-du-Rhône, Gard en Herault, wordt de Taureau de Camargue AOP gefokt. Het vlees van deze stier komt exclusief van de runderrassen Raço di Biou en De Combat of een kruising van deze twee. Een opmerkelijk aspect van het fokken van deze beesten is de totale vrijheid die de stieren genieten, bedoeld om hun "wilde" karakter te bewaren. Gedurende een periode van circa 6 maanden, tussen april en november, wordt de voeding op basis van veevoer onderbroken; tijdens deze pauze worden de dieren overgebracht naar een vochtiger gebied waar ze belangrijke voedingsstoffen vinden, bijgevoerd met graan of hooi. Het vlees van de Taureau de Camargue is zeer mager en de verschillende stukken vlees zijn zeer geschikt voor sappige gerechten als de Gardianne, *een heerlijke schotel met vlees gemarineerd in rode wijn.*

spelt from the provence igp
spelt uit de provence igp

The cultivation of spelt in Provence goes back a very long way, even to prehistoric times. This noble tradition distinguishes *Petit Épeautre de Haute Provence IGP*, with its characteristic yellow-orange ears. Before being sold it undergoes various processes: it is hulled and whitened, and can also be pearled (when the outer layer of the grains is removed). The production area covers 235 communes in four departments – Alpes de Haute-Provence, Hautes-Alpes, Drôme and Vaucluse – in the Rhône-Alpes and Provence-Alpes-Azur regions in south-east France. Rich in fibre and mineral salts, it should be boiled for about 40 minutes and is delicious served with vegetables or meat, or in soups and salads.

Het verbouwen van de tarwesoort spelt heeft een oude, zelfs prehistorische oorsprong in de Provence. Een nobele traditie, kortom, die de Petit Épeautre de Haute Provence IGP *met de karakteristieke oranjegele korenaar tot een beroemd product heeft gemaakt. Voordat de spelt gegeten kan worden, wordt hij eerst gepeld en gebleekt, en eventueel gepareld (een verdere behandeling waarbij het buitenste vliesje van de speltkorrel wordt verwijderd). Het productiegebied omvat wel 235 gemeenten die deel uitmaken van vier departementen: Alpes de Haute-Provence, Hautes-Alpes, Drôme en Vaucluse, gelegen in de regio's Rhône-Alpen en Provence-Alpen-Côte d'Azur in het zuidoosten van Frankrijk. Spelt is rijk aan vezels en mineralen. Hij moet ongeveer 40 minuten koken in water en hij kan goed gecombineerd worden met groentjes en vlees, of gebruikt in soepen en salades.*

provence-alpes-côte d'azur
knoflookmayonaise aïoli

1 egg yolk, 6 cloves garlic,
40 ml lemon juice, 250 ml olive oil, salt

Peel the garlic and place it in a mortar. Crush it for several minutes with the pestle or the back of a spoon. Add the yolk and 2 pinches of salt. Pound some more to combine all the ingredients. Gradually add the oil, mixing continuously. Add the lemon juice and some water. Season with more salt, if needed. Aioli should have quite a solid, compact consistency.

1 eierdooier, 6 teentjes knoflook, 2 eetlepels citroensap, 250 ml olijfolie, zout

Schil de knoflook en doe die in een vijzel. Maal de knoflook enkele minuten fijn met de stamper of de bolle kant van een lepel. Voeg de dooier en twee snuifjes zout toe. Maal alles nog fijner totdat alle ingrediënten goed vermengd zijn. Schenk de olie in een straaltje erbij en roer. Voeg het citroensap en een beetje water toe. Voeg zonodig ook nog wat zout toe. De aioli moet een redelijk stevige en compacte consistentie hebben.

absinthe
absint

The definitive Bohemian spirit, absinthe takes its name from the plant *Artemisia absinthium*, which contains the active ingredient thujone. It dates back to 1792, when the French doctor Pierre Ordinaire took the recipe from the Abbey of Saint Benoit. After various events, the recipe came into the possession of Henri Luis Pernod, who opened France's first absinthe distillery in 1805. The stuff of legends, this spirit is held to be the drink of choice of figures like Baudelaire, Poe, Van Gogh and Picasso. And there is almost a magical ritual around drinking it too: a special slatted spoon holding a sugar lump has to be held over the glass, and the spirit is poured over that. The sugar is set alight and then five parts water is poured over to put it out. In 1916 the French government banned this drink, and now it is made by a few distilleries and branded as an 'alcoholic absinthe-based drink'.

Het "verdoemde" distillaat absint dankt zijn naam aan de Artemisia absinthium, een plant die een actief bestanddeel bevat dat thujon heet. De oorsprong van deze drank ligt in het jaar 1792 toen een Franse dokter Pierre Ordinaire het recept verkreeg van de Abdij van Saint Benoit. Na vele omzwervingen kwam het recept uiteindelijk in handen van Henri Luis Pernod die in 1805 de eerste absintdistillerie van Frankrijk opende. Rondom dit distillaat zijn vele legendes ontstaan over beroemde personages als Baudelaire, Poe, Van Gogh en Picasso. Vooral de manier waarop absint wordt gedronken is een fascinerend en haast magisch ritueel: een lepeltje met een gaatjespatroon wordt boven het glas geplaatst. Op het lepeltje legt men een suikerklontje waarover men de absint giet. Het suikerklontje wordt aangestoken en geblust met een scheutje water. De verhouding absint-water is 5:1. In 1916 verbood de Franse regering de consumptie van absint, maar tegenwoordig is de drank weer geleverd door enkele distillateurs onder het etiket "alcoholische drank op basis van absintalsem".

cavaillon melon
cavaillonmeloen

The gastronomic highlights of the Vaucluse department, and the farming area of Cavaillon in particular, include the Cavaillon melon. This fruit is a popular ingredient in preserves and liqueurs and being used to make fresh fruit salads. The story goes that Alexandre Dumas was a great fan of the Cavaillon melon, so much so that he requested a consignment of 12 melons a year from the local library in exchange for a generous supply of his works. The great writer's connection to this fruit is also borne out by the founding of the Confraternity of the Cavaillon melon in his honour. The popularity of this particular melon lies in its sweetness – it is markedly sweeter than other varieties thanks to the properties of the Provençal soil. If you happen to be passing through Cavaillon in the month of July, you will be able to take in the picturesque festival dedicated to this product of excellence: a four-day fair packed with different events.

Het departement Vaucluse, in het bijzonder het landbouwgebied van Cavaillon, kan tot haar gastronomische schatten de Cavaillonmeloen rekenen. Deze meloen is zeer gewild voor het prepareren van jam en likeuren en natuurlijk vers verwerkt in fruitsalades. Er bestaat een anecdote dat ook Alexandre Dumas zo'n grote bewonderaar was van deze meloen dat hij de bibliotheek van het plaatsje expliciet verzocht hem bij wijze van betaling 12 meloenen per jaar te sturen in ruil voor levering van een aanzienlijke hoeveelheid van zijn werken. Het verband tussen dit fruit en de grote schrijver wordt ook bevestigd door de oprichting van de broederschap van de Ridders van de meloenen van Cavaillon ter ere van de vrucht. Een van de redenen voor het succes van de meloen is het feit dat deze zoeter is dan de soorten die uit andere landen komen, vanwege de grondkwaliteit in de Provence. Wie in de buurt van Cavaillon is in de maand juli, zal kunnen genieten van een feest ter ere van dit uitmuntende product: 4 dagen degustatie, tentoonstellingen en markten, een feest van smaak.

pastis

pastis

provence-alpes-côte d'azur

There are few products capable of evoking such typically French atmospheres and sensations. The image of a Marseille bistrot, with a jug of water and ice and a bottle of the unmistakeable aniseed liqueur on the counter, is enough to plunge us into a Simenon novel, with Maigret intent on sipping his aperitif of choice. Originally from Marseilles, Pastis is an aniseed-based alcoholic aperitif (used to replace absinthe, banned in France in 1916), which is diluted in water five parts to one. Dark yellow when undiluted, it turns a cloudy yellow when mixed with water. It is undoubtedly one of the most popular aperitifs in the whole of Provence and the Côte d'Azur, and ideal on a warm summer evening, as long as it is diluted with water and ice (at 40–45% ABV it is a strong drink). Aniseed is an aromatic plant with many medicinal properties that is widely used in cooking, confectionery and liqueurs.

Er zijn niet veel producten die zo sterk een typisch Frans gevoel en een Franse sfeer oproepen als Pastis. Stap een bistrot in Marseille binnen en de karaf met koud water en ijs en de fles met de onmiskenbare anijslikeur op de bar maken dat het lijkt alsof je in een van de verhalen van Simenon verzeild bent geraakt. Half verwacht je Maigret bedachtzaam te zien nippen aan zijn favoriete aperitief. Pastis is een alcoholisch aperitief oorspronkelijk uit Marseille op basis van anijs (in plaats van absint, na het Franse verbod van 1916). De drank wordt aangelengd met water (in een verhouding 1:5). De kleur is donkergeel wanneer er nog geen water is toegevoegd, lichtgeel met het water erbij. Dit is het meest populaire aperitief in de Provence en langs de Côte d'Azur, ideaal voor warme zomeravonden (mits aangelengd met water en met ijs vanwege het hoge alcoholpercentage van 40-45 %). De anijs is een aromatische plant die veel wordt gebruikt in de keuken, vooral in gebak en likeuren, met vele medicinale en verkwikkende eigenschappen.

calisson
calisson

This traditional Provençal sweet, from Aix-en-Provence in particular, has a characteristic diamond shape. It is made from almonds and candied melon and orange, soaked in syrup and covered in rice paper and a delicious royal icing. Like many traditional products, Calisson dates back a long way, to the 16th century, and is connected to King René. This sweet is thought to have made its first appearance at the celebrations for the King's second wedding, to Jeanne de Laval, who found it delicious. The recipe has stayed the same through the centuries: chopped almonds are mixed with sugar and pieces of candied melon and orange, and then cooked. The resulting mixture is shaped into the characteristic form, with rice paper applied on one side, then baked and lastly iced. Alongside the classic Calisson there is also a version with chocolate icing.

Calisson is een typische zoetigheid uit de Provence, in het bijzonder uit Aix-en-Provence. Calissons hebben een typische spekvorm en ze bestaan uit een deeg op basis van amandelen en geconfijte meloen en sinaasappel in siroop belegd met ouwel en bedekt met heerlijke harde glazuur. Net als bij vele andere traditionele producten hebben de Calissons een lange geschiedenis die teruggaat tot in de zestiende eeuw. De zoetigheid duikt voor het eerst op bij de bruiloftsviering van Koning René met Jeanne de Laval, die het verrukkelijke koekje zeer kon waarderen. Het recept is door de eeuwen heen gelijk gebleven: gehakte amandelen worden gemengd met suiker, stukjes geconfijte meloen en sinaasappel, gekneed en gebakken. Dit tussenproduct wordt in de bekende vorm gebracht, krijgt het velletje ouwel aan een kant en wordt vervolgens nog eens gebakken en dan geglazuurd. Naast de klassieke Calissons bestaan er ook varianten met chocoladeglazuur.

Corse

With its stunning coasts and imposing mountain peaks, Corsica is France's only island region. Starting from the north, we find beautiful coastal towns like Bastia, Saint Florent and Calvi, while inland lies Monte Cinto, the region's highest peak at 2,710 metres. Stop off on your tour of the island to sample some of the local specialities: Brocciu cheese, Corsican cured meats and wines, honey and extra virgin olive oil. The southern part of the island is home to Ajaccio, the birthplace of Napoleon, the Bavella mountain range, Porto Vecchio, and the stunning Côte de Nacre. At the southern-most tip we come to the town of Bonifacio, with its dramatic chalk cliffs. A great opportunity to sample sardines stuffed with Brocciu, freshly fished seafood or a bowl of Corsican soup, washed down with a glass of Vin de Corse Porto-Vecchio Vermentinu.

Een eiland met een schitterende kust en met imposante bergen om te ontdekken in het binnenland: dat is Corsica, de enige eilandregio van Frankrijk. Vertrekkend vanuit het noorden komen we langs mooie kustplaatsen als Bastia, Saint-Florent en Calvi, terwijl in de verte Monte Cinto oprijst, met 2.710 m de hoogste top in de regio. Tussen twee etappes door is er genoeg gelegenheid om ook de plaatselijke specialiteiten te proberen, zoals de kaas Brocciu, of de Corsicaanse vleeswaren, de wijnen, de honing en de extravergine olijfolie. Aan de zuidkant van het eiland vinden we de geboorteplaats van Napoleon Bonaparte, Ajaccio, maar ook het Bavellamassief, Porto Vecchio, de prachtige Côte de Nacre. Aan de uiterste zuidpunt van het eiland ontvangt Bonifacio ons, precair wankelend boven de zee op haar kalkrotsen. Dit is de plek bij uitstek om sardines met Brocciu te proeven, of versgevangen zeevruchten, of een Corsicaanse soep met een mooi glas Vermentinu van de wijnsoort Vin de Corse Porto-Vecchio.

wines of corsica
wijnen van corsica

Corse

Corsica boasts a rich winemaking panorama with more than 30 different typical grape varieties, making this an interesting island from a wine point of view. Just like every self-respecting terroir, all good wines are characterised by three elements: the characteristics of the terrain, the climate and the work of the grower. The island is known for its variety of soils, with no less than 6,400 hectares under vines (2,500 hectares devoted to AOC wines). The Mediterranean climate – dry and breezy in the summer – is ideal for cultivating vines like Aleatico, Barbarossa, Biancu Gentile, Vermentinu, Niellucciu and Sciaccarellu, though only the last three merit special attention. Corsica has nine AOC wines, again with three well-known types: *AOC Patrimonio*, the oldest and most prestigious in terms of quality, which even produces a vermentino capable of ageing; *AOC Ajaccio*, where the Sciaccarellu grape is at its best; and the generic *AOC Vin de Corse*.

Corsica heeft een rijk wijnpatrimonium, met méér dan 30 zeer verschillende en typische wijngebieden die samen een ampelografisch zeer interessante wijnproductie bieden. Net als bij andere terroir *respecteert men hier de elementen die zorgen voor een goede wijn: de eigenschappen van het land, het klimaat en de menselijke arbeid. Het eiland is bekend vanwege de grote variatie in bodemsoorten, met wel 6.400 hectare bestemd voor de wijnbouw (waarvan er 2.500 AOC zijn). Het mediterraanse klimaat dat droog is in de zomer maar altijd zeer geventileerd, is ideaal voor het verbouwen van wijnsoorten als aleatico, barbarossa, biancu gentile, vermentinu, niellucciu en sciaccarellu, waarvan met name de laatste drie bijzondere aandacht verdienen. Er zijn 9 wijnen met een AOC-aanduiding op Corsica; de bekendste zijn weer drie:* AOC Patrimonio, *de oudste en qua kwaliteit de meest prestigieuze wijn van het eiland, waarvan ook de droge witte wijn opgelegd kan worden;* de AOC Ajaccio, *met de beste resultaten van de sciaccarellu, en de algemene* AOC Vin de Corse.

3 kg fish (scorpion fish, sea bream, tub gurnard, dory, sea bass, whiting, crabs, head of 1 conger eel), 3 tomatoes, 2 onions, 4 cloves garlic, 2–3 sachets powdered saffron, 1 teaspoon pastis, aromatic herbs (thyme, bay leaf, dill, parsley), dried peel of 1 orange, slices of stale bread, 100 ml olive oil, salt, pepper

Clean the fish, cut up the larger ones and put them in a pan with the oil, chopped onion and tomatoes, previously peeled and with the seeds removed. Add the crushed cloves of garlic, saffron, chopped herbs and orange peel. Season with salt and pepper and mix. Leave to rest for about an hour. Remove the softer fish from the pan (the whiting, sea bass and dory), then cover the rest with warm water and boil for 5 minutes on a high heat. Add the other fish and the pastis, and continue cooking for another 10 minutes. Put the fish on a serving dish, and the slices of bread in the individual plates, then pour over a little broth and complete with the fish.

3 kg vis (schorpioenvis, goudbrasem, rode poon, zonnevis, zeebaars, wijting, krab, 1 kop van zeepaling), 3 tomaten, 2 uien, 4 teentjes knoflook, 2-3 zakjes gemalen saffraan, 1 theelepel pastis, aromatische kruiden (tijm, laurier, dille, peterselie), 1 gedroogde sinaasappelschil, sneetjes oudbakken brood, 100 ml olijfolie, zout, peper

Maak de vis schoon, snijd de grootste vis in stukken en doe alles in een pan met de olie, de gesnipperde ui en de ontvelde en ontpitte tomaten. Voeg de geperste knoflook, de saffraan, de gehakte kruiden en de sinaasappelschil toe. Breng op smaak met zout en peper, roer en laat ongeveer een uur trekken. Haal de zachtste soorten vis (wijting, zeebaars en zonnevis) uit de pan, dek af met heet water en laat op een hoog vuur 5 minuten koken. Voeg vervolgens de overgebleven vis en de pastis toe en laat nog eens 10 minuten koken. Verdeel de vis over soepborden met een stuk brood in het midden, schenk er wat van de bouillon over en maak af met de rest van de vis.

corsican charcuterie
corsicaanse vleeswaren

Figatelli, *Prisuttu* from Niolo, *Coppa*, Corsican sausage, *Lonzu*, *Panzetta*, Quenza Salami and *Fittonu* from Bastelica are just some of the most famous Corsican cured meats. These are highly prized due to being still produced with the traditional methods. They deserve to be discovered one by one to savour their individual qualities. Figatelli are liver sausages available both fresh, for grilling, or dried, excellent as an aperitif or starter. Prisuttu is a delicious prosciutto crudo which involves a long process with various stages: the ham is salted, lightly smoked and then cured in special cellars for 12–18 months. Coppa is pork loin cured for many months. Corsican sausage is a spicy salami that can be eaten at any time of day, cut thickly or thinly according to taste. Lonzu is fillet, which should never be too dry, ideal thinly sliced for aperitifs and starters. Panzetta, the key ingredient in many Corsican dishes, is made from pork breast which is first seasoned with salt and pepper, then lightly smoked and cured for a few months in a cellar.

Figatellu-*worst, de* Prisuttu *uit Niolo,* Coppa, *Corsicaanse worst,* Lonzu, Panzetta, *salami uit Quenza,* Fittonu *uit Bastelica… allemaal bekende namen van befaamde Corsicaanse vleeswaren. Deze producten worden zeer gewaardeerd, niet alleen op het eiland zelf maar ook ver daarbuiten, omdat ze nog op traditionele wijze worden gemaakt. Ze zijn het waard één voor één uitgeprobeerd te worden. Figatelli zijn leverworsten in verschillende versies, vers om te roosteren en droog voor bij het aperitief of als voorgerecht. Prisuttu is een rauwe ham die gemaakt wordt volgens een langdurig procédé met verschillende stappen waarin de ham wordt gezout, licht gerookt en 12-18 maanden verouderd in een speciale kelder. De Coppa is gemaakt van het lendestuk van een varken dat vele maanden werd verouderd. Corsicaanse worst is een pikante salami die lekker is op elk moment van de dag, in dunne of lekker dikke plakken.* Lonzu *mag niet te droog zijn; gesneden in dunne plakjes is het erg lekker als aperitief en als voorgerecht.* Panzetta *wordt gemaakt van varkensborst die op smaak wordt gebracht met zout en peper, dan licht gerookt en tot slot enkele maanden verouderd in kelders. Hij is te vinden in vele Corsicaanse gerechten.*

les Cailles
farcies au
Brocciu. ?. 5, 80
(pce.)

brocciu corse aop
brocciu corse aop

This is the only AOC cheese in France made using fresh whey from goats and/or Corsican sheep. The production process is fairly simple, taking place in few stages: the whey is heated and seasoned with salt, and full-fat unpasteurised milk is added. This mixture is further heated and then placed in the characteristic moulds (*Fattoghje* or *Casgiaghje*) to make *Brocciu Corse AOP Frais* (fresh). If *Passu*, the mature version, is preferred, a wait of three weeks is required. Fresh Brocciu is smooth and soft in consistency, white in colour and weighs from 250 g to 3 kg. The flavour is pleasing, fresh, almost salty. It is produced and sold all over the island in portions or whole in the mould. Brocciu is the key ingredient of *fiadone*, Corsica's signature dish, but can also be used in soups or fillings. Excellent au naturel or with jam or just sugar.

Dit is de enige Franse AOP-kaas die gemaakt wordt met vers melkserum van de melk van Corsicaanse geiten- of schapenrassen. Het maken van de kaas is redelijk eenvoudig; het melkserum wordt verwarmd, men voegt zout en volle rauwe melk toe en verhoogt de temperatuur. Uiteindelijk ontstaat zo in de karakteristieke vormen (Fattoghje of Casgiaghje) de verse Brocciu Corse AOP Frais. Voor de Passu (gerijpte) versie moet men minstens 3 weken wachten. Verse Brocciu heeft een gladde kaasmassa met een zachte structuur en een witte kleur. Het gewicht schommelt tussen 250 gr en 3 kg en de smaak is aangenaam fris en een beetje zout. De kaas wordt op heel het eiland gemaakt en is verkrijgbaar als een stuk in de kaasvorm, of in porties. De kaas is een basisingrediënt in het traditionele gerecht fiadone, maar hij kan echter ook gebruikt worden in soepen en vullingen. Ook lekker au naturel of met wat jam of suiker.

kaassoufflé met brocciu pastry with brocciu

250 g bread dough, 1 egg, 50 g cured pork fat, 150 g brocciu, olive oil

Beat the egg in a bowl and add the brocciu. Mix and set aside. Dice the pork fat and fry it in a non-stick pan until it becomes transparent. Add the brocciu mixture and cook for 2 minutes. Roll the dough out with the rolling pin. Place the pork fat and brocciu on one side of the dough then fold over the other side like a book. Seal the edges with the aid of a fork, shape into a crescent and place the resulting pastry on a tray lined with greaseproof paper. Lightly drizzle some oil over it. Cook in a pre-heated oven at 180 °C for 20–25 minutes.

250 gr brooddeeg, 1 ei, 50 gr spek, 150 gr brocciu, olijfolie

Klop het ei en voeg de brocciu toe. Meng en zet opzij. Snijd het spek in blokjes en bak in een steelpan met anti-aanbaklaag tot de blokjes transparant beginnen te worden. Schenk het brocciu-mengsel erbij en laat 2 minuten koken. Rol het deeg uit met de deegroller. Verdeel het spek over één helft van het deeg, en sluit het deeg vervolgens als een boek. Sluit de randen af door ze met een vork in te drukken, en leg de soufflé op een met bakpapier bekleed blik. Schenk er wat olie over en bak 20-25 minuten in een voorverwarmde oven op 180 °C.

corsican clementines igp
corsicaanse clementines igp

Thanks to the island's favourable climate and soil, there are records of the cultivation of citrus fruits in Upper and Southern Corsica since ancient times. The introduction of *Clémentine de Corse IGP (Citrus Clementina)* is, however, recent, dating back to the 1920s when it was brought from Algeria to Corsica, becoming the island's number one citrus crop. It has a tart rather than sweet flavour and is harvested with the leaves, as a guarantee of freshness, but only picked once it has ripened to its typical orange colour. The fruit cannot be sold if the skin is more than a fifth green. Versatile in cooking, it is used fresh in tasty salads and fruit salads, or grilled. These clementines are also used to make preserves, ice cream, cakes, juice, sauces and more.

Het is bekend dat men zich sinds de oudheid bezighield met het telen van citrusvruchten op het eiland Corsica. Het gunstige klimaat en de juiste bodem maakten Haute-Corse en zuidelijk Corsica zeer geschikt voor deze fruitteelt. De introductie van de Clémentine de Corse IGP *(van de* Citrus Clementina*-soort) is echter een stuk recenter en stamt uit de jaren twintig van de vorige eeuw, toen de clementine uit Algerije werd gebracht; het zou het voornaamste citrusgewas op het eiland worden. De clementine heeft eerder een zure dan een zoete smaak. Bij het oogsten worden ook de bladeren geplukt, wat goed is voor de versheid. De clementines worden pas geplukt wanneer ze rijp zijn, met andere woorden wanneer ze die typische oranje kleur hebben; als meer dan een-vijfde van de oppervlak nog groen is, mag de clementine niet worden verkocht. Het fruit kan gebruikt worden in heerlijke salades op basis van fruit en groentjes, in verse fruitsalades of gegrild. Natuurlijk bestaan er ook vele confituren, ijsjes, taarten, sappen, sauzen, noem maar op…*

corsican chestnut flour aop
corsicaans kastanjemeel aop

If you love chestnuts and have never visited Corsica, why not go in the winter, when there are festivals like the *Journée du Marron* in Evisa and the Chestnut Fair in Bocognano? These events are a chance to sample some marvellous treats made with *Farine de Châtaigne Corse AOP*, including chestnut polenta, chestnut fritters and *pastizzu* (a sweet made of chestnut flour and pastis). Chestnut flour is produced in 270 communes in Corsica, from chestnuts from trees at least 10 years old, cultivated according to traditional methods. Once the chestnuts have been harvested, between October and December, they are dried in traditional wood-burning drying ovens for at least 18 days, or in mechanical ones for six days. They are then peeled, selected and milled with granite, flint or schist millstones, producing a flour that is rich in vitamins and minerals, without preservatives or colourings and suitable for those with a gluten intolerance.

Liefhebbers van kastanjes die nog nooit op Corsica zijn geweest, kunnen overwegen eens een bezoekje aan het eiland te brengen in de winterperiode. Dan vinden er feesten plaats als de Journée du Marron *in Evisa of het Festival van de Kastanje in Bocognano, waar men lekkernijen kan proeven op basis van* Farine de Châtaigne Corse AOP: *polenta van kastanjes, gefrituurde kastanjebeignets, de zoetigheid* pastizzu *gemaakt met kastanjemeel en pastis. Kastanjemeel is afkomstig van kastanjebomen die minstens 10 jaar oud zijn en die op traditionele wijze geteeld worden in 270 Corsicaanse gemeenten. Na het oogsten worden de kastanjes gedroogd, 18 dagen in traditionele droogruimtes op hout, of 6 dagen in mechanische drogerijen. Hierop volgend worden de kastanjes geschild, geselecteerd en gemalen met een molensteen van graniet, vuursteen of schist. Het meel is rijk aan vitamines en mineralen, zonder conserveermiddelen of kleurstoffen en ook geschikt voor wie glutenintolerant is.*

corse
fiadone fiadone

500 g sheep's ricotta, 300 g sugar,
6 eggs, grated rind of 1 lemon,
vanilla essence

Separate the yolks from the whites. Beat them with the sugar. Add the sieved ricotta, lemon rind, and a little vanilla. Whisk the egg whites till they form stiff peaks and fold them into the egg yolks, mixing from the bottom to the top. Pour the mixture into a deep buttered (or greased) cake pan. Cook in a preheated oven at 170 °C for 45 minutes.

500 gr geitenricotta, 300 gr suiker, 6 eieren, geraspte schil van 1 citroen, vanilline

Scheid de eierdooiers van de eiwitten. Klop de dooiers samen met de suiker. Voeg de door een zeef gehaalde ricotta toe, gevolgd door de citroenschil en een beetje vanilline. Klop de eiwitten schuimig en spatel ze, van beneden naar boven, door de eierdooiers. Schenk het beslag in een met boter of olie ingevette bakvorm met hoge randen. Bak 45 minuten in een voorverwarmde oven op 170 °C.

index
index

Photo Credits